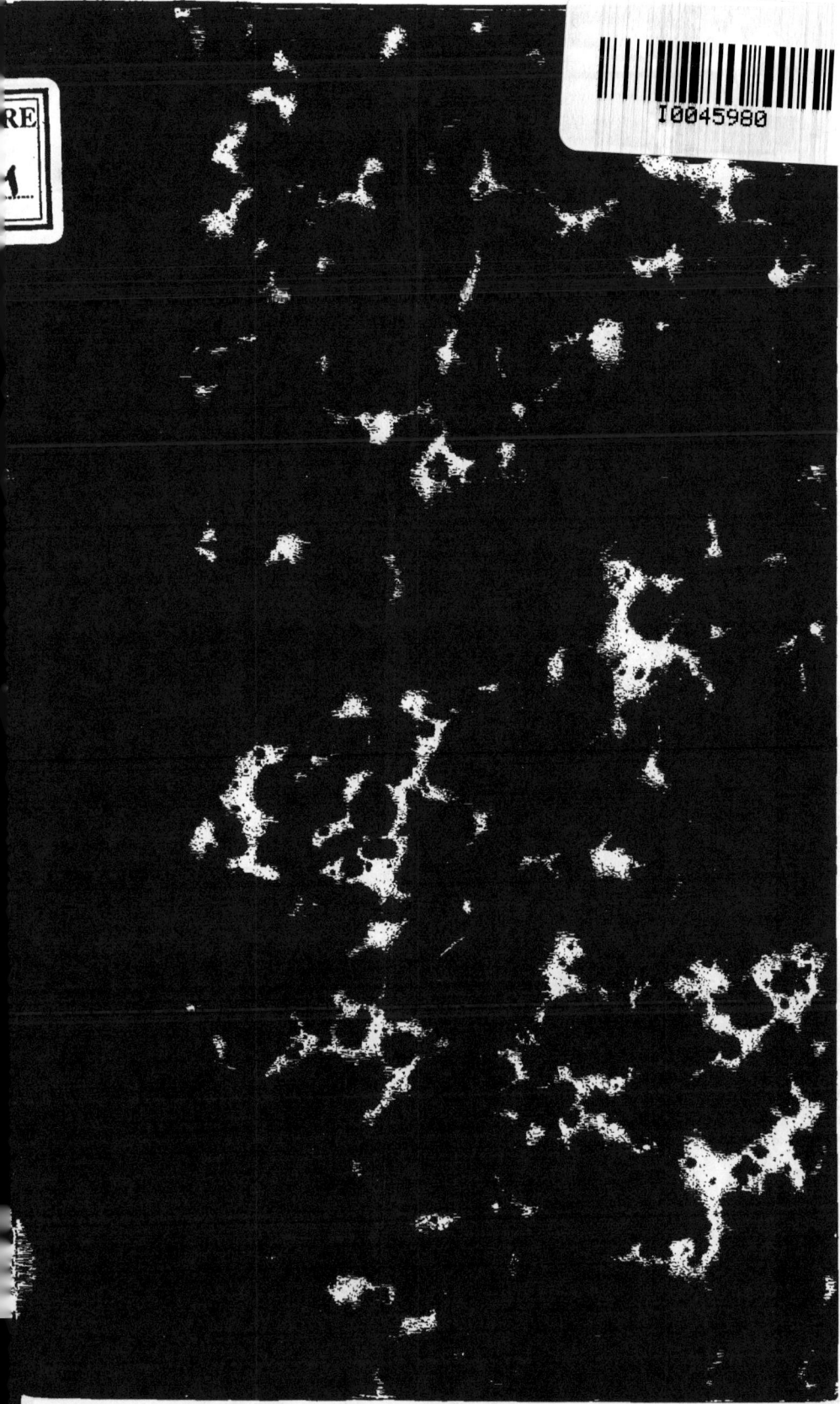

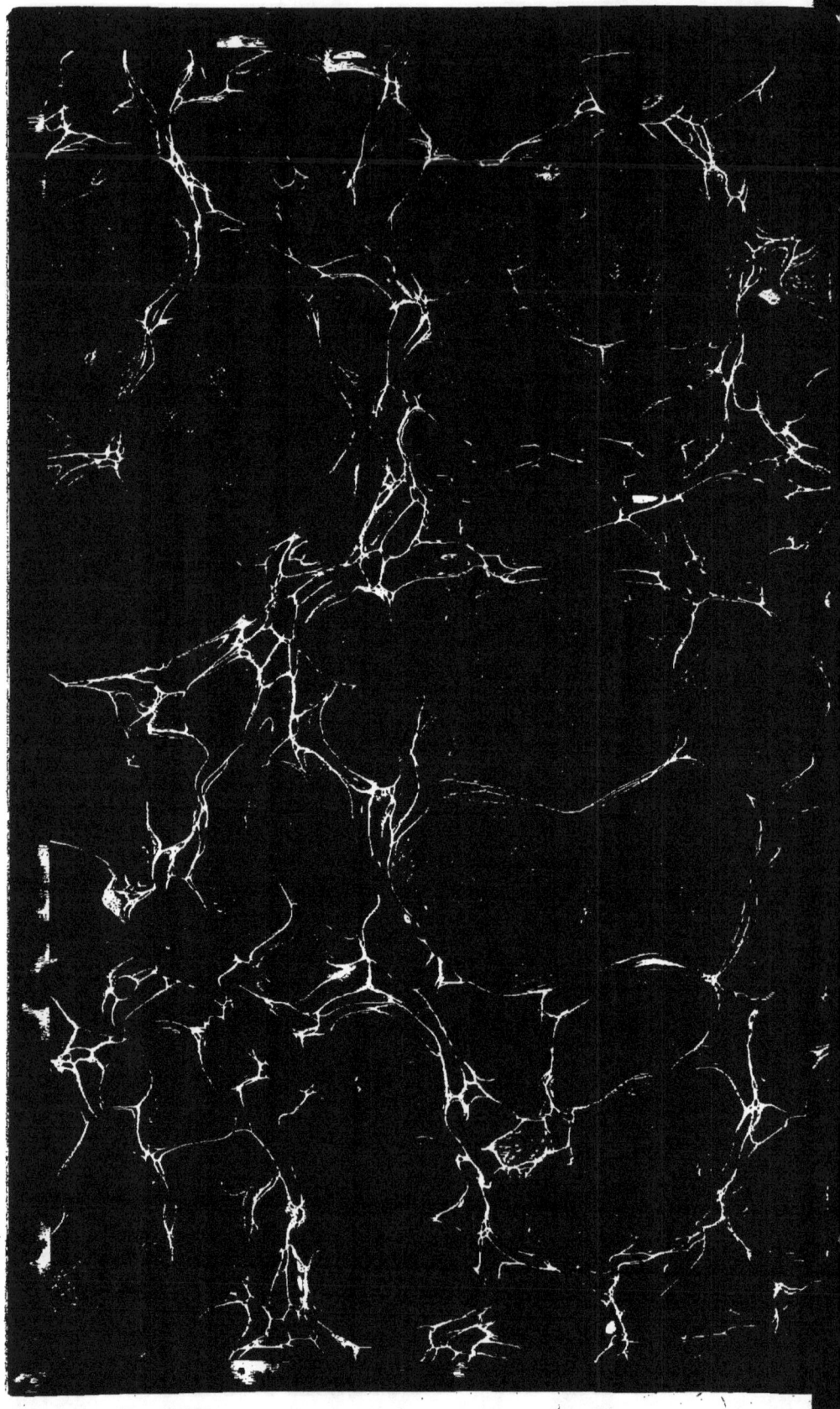

Γ

34141

MANUEL

DES CONTRIBUABLES,

OU

RECUEIL contenant les Lois, les Arrêtés et les
Discours prononcés par les orateurs du Gouvernement, du Tribunat et du Corps législatif
sur les Contributions directes,

A L'USAGE

DES Préfets, Sous-Préfets et Maires, pour la répartition
des Contributions ;

Des Directeurs, Inspecteurs et Contrôleurs, pour la formation
des rôles ;

Des Receveurs-généraux, Receveurs particuliers et Percepteurs,
pour le recouvrement ;

Des Contribuables, pour les guider dans leurs réclamations.

IVᵉ SUPPLÉMENT POUR L'AN XIII.

A PARIS,

CHEZ RONDONNEAU, AU DÉPÔT DES LOIS,

CI-DEVANT PLACE DU CARROUSEL,

MAINTENANT HÔTEL DE BOULOGNE,

RUE SAINT-HONORÉ, Nº. 75, PRÈS SAINT ROCH.

AN XII.

AVIS DE L'ÉDITEUR

LES fonctionnaires publics qui avaient obtenu du ministre des finances l'agrément et la permission de publier tous les ans le Manuel des Contribuables, n'ayant pu, à raison de la situation particulière où les placent leurs occupations multipliées, coopérer avec moi au présent Recueil, j'ai cru ne pouvoir mieux faire que de suivre la route qu'ils ont tracée, et je n'ai rien changé aux formes de ce Manuel qui, approuvé dans le principe par le ministre lui-même, présenté au Tribunat et au Corps législatif, est devenu, pour ainsi-dire, élémentaire et classique.

Le Manuel pour l'an XIII, ne renferme aucunes décisions ministérielles; depuis l'établissement des Préfectures et Directions, presque toutes les affaires se décident et se terminent sur les lieux. Le très-petit nombre de décisions qui paraît, n'est le plus souvent que local; et il serait même quelquefois dangereux d'en généraliser l'application.

Le quatrième Supplément au Manuel que je vais publier pour l'an XIII, ne contient que des lois, des arrêtés et des discours qui déjà publiés, soit dans les Bulletins, soit dans les journaux officiels, sont devenus le patrimoine de tous; je n'ai d'autre mérite que celui de les avoir classés dans un ordre qui facilite les recherches.

J'ai usé en cela du droit qui appartient à tous les citoyens, et des avantages que me procure mon établissement où je suis à même de puiser tous les élémens d'un recueil qui n'a eu, jusqu'à présent, besoin pour se soutenir, ni de la faveur, ni du concours de l'autorité, mais de la la seule opinion publique, qui en a reconnu l'utilité, et consolidé les succès.

MANUEL

DES CONTRIBUABLES.

LOI

RELATIVE AUX FINANCES.

Du 5 Ventose an XII. — (Bulletin , n°. 345.)

——————

Tout ce qui se rapporte à cette loi , soit eú égard à l'emploi des fonds précédemment consentis , soit sous des rapports d'ordre, de surveillance, de perfectionnement et d'amélioration dans le système des contributions , doit se classer ici sous trois divisions ou parties principales , savoir :

1°. Les voies et moyens ordinaires des finances , de l'an XI, de l'an XII , de l'an XIII , et exercices antérieurs ;

2°. Les moyens extraordinaires et d'amélioration proposés par la loi ;

3°. Le nouvel établissement en finances , ou la régie des droits réunis.

Ce Manuel étant presqu'uniquement destiné à ceux qui sont attachés à la partie des contributions directes , on a cru utile de n'insérer ici que les articles de la loi du 5 ventose relatifs à ces contributions.

RECETTE DE L'AN XII.

Contribution foncière, en principal.	210,000,000.	
Personnelle, mobilière et somptuaire.	32,800,000.	
Centimes additionnels de l'une et l'autre contribution, versés au Trésor public, pour le paiement des dépenses fixes de l'administration et de l'ordre judiciaire, dans les départemens.	18,777,000.	316,611,960.
Portes et fenêtres.	16,000,000.	
Patentes.	17,500,000.	
Centimes pour les frais de la guerre.	21,534,960.	

Régie de l'enregistrement et des domaines, y compris le produit des bois nationaux.	180,000,000.
Douanes nationales.	25,000,000.
Postes.	11,000,000.
Loteries nationales.	12,000,000.
Salines.	3,000,000.
Monnaies.	800,000.
Recettes diverses et accidentelles.	2,588,040.
	551,000,000.

Nouveaux cautionnemens des percepteurs des contributions des communes et des receveurs d'arrondissement	21,000,000.	149,000,000.
Ventes de domaines nationaux.	15,000,000.	
Rachat de rentes.	10,000,000.	
Moyens extraordinaires.	103,000,000.	

TOTAL GÉNÉRAL . . . . 700,000,000.

DÉPENSE DE L'AN XII.

DETTE PUBLIQUE.

		f.		f.	f.	f.
Dette perpétuelle.	Aux créanc. de l'Etat.. 40,443,259. Plus, pour la partie des rentes acquises par la caisse d'amortissem. 3,062,204.		43,505,463.		67,976,489.	71,153,766.
Dette viagère.	Second semest. an XI, et 1.er semes. an XII. 19,576,821. Fonds extraord. pour les trois 1.ers mois de l'an XII. .... 4,894,205.		24,471,026.			

Six nouveaux Départemens.

Dette perpétuelle.................... 2,677,277.	3,177,277.
——— viagère..................... 500,000.	

DÉPENSES GÉNÉRALES DU SERVICE.

Ministère du grand-juge, ministre de la justice......... 23,000,000.			
——— des relations extérieures............... 7,000,000.			
Ministère de l'intérieur. { Service ordinaire......... 19,730,919. Service extraordinaire ..... 15,000,000. } 34,730,919.			
Ministère des finances. { Services ordinaires ...., 31,927,000. Remboursement à la caisse d'amortissement de partie des cautionnemens (3.e à-compte)..... 5,000,000. Fonds d'amortissement, en exécution de la loi du 21 floréal an X. 10,000,000. Intérêts des cautionnemens pour ce qui en reste à la charge du trésor public............ 1,250,000. Pensions, y compris les fonds extraordinaires des trois premiers mois........,....... 29,500,000. } 77,677,000.	598,407,919.		
Ministère du trésor public............. 8,000,000.			
——— de la guerre............. 168,000,000.	268,000,000.		
——— de l'administration de la guerre.. 100,000,000.			
——— de la marine et des colonies........... 180,000,000.			
Frais de négociations. .... 15,000,000.			
Fonds de réserve.................................. 15,433,815.			

TOTAL GÉNÉRAL ...... 700,000,000.

S   *Loi générale sur les Finances.*

TITRE III.

Contributions offertes pour les frais de la guerre.

VI. Les sommes offertes par les conseils généraux des départemens et arrondissemens, et par les conseils municipaux, en centimes additionnels aux contributions directes des années XI, XII, XIII et XIV, pour subvenir aux frais de la guerre, seront perçues pour l'an XI et l'an XII seulement. Les offres particulières faites par le commerce de Paris et par les villes de Marseille, Lyon et Bordeaux, pour la construction de vaisseaux, sont acceptées.

TITRE VI.

Cautionnement des Receveurs.

§. PREMIER.

Receveurs d'arrondissement.

VII. Le cautionnement des receveurs d'arrondissement autre que celui du chef-lieu du département, sera, à compter de l'an XIII, du quart en sus de celui déjà fourni : ce supplément sera versé au trésor public, avant le premier vendémiaire prochain.

VIII. Le produit de ce supplément de cautionnement est mis à la disposition du Gouvernement pour le service de l'an XII, et sera rétabli dans la caisse d'amortissement, conformément aux lois des 7 et 27 ventose an VIII.

§. II.

Percepteurs des Contributions directes.

IX. Tous les percepteurs des contributions directes seront à la nomination du premier Consul.

X. Il y aura, autant que possible, un percepteur par chaque ville, bourg ou village.

XI. Les préfets pourront néanmoins proposer un seul percepteur pour plusieurs communes, lorsque les localités l'exigeront, pourvu que le montant des rôles des communes réunies n'excède pas vingt mille francs.

XII. Ces percepteurs seront tenus de fournir, avant le premier vendémiaire prochain, un cautionnement en numéraire du douzième du principal des rôles des quatre contributions directes réunies dont la perception leur sera confiée.

XIII. Le cautionnement des percepteurs déjà nommés dans les bourgs, villes et villages payant quinze mille fr. en contributions et au-dessus, sera reporté à la proportion réglée par l'article précédent : ce supplément sera versé au trésor public, avant le premier vendémiaire prochain.

XIV. Les fonds provenant de ces cautionnemens et supplémens de cautionnemens, seront versés au trésor public pour le service de l'an XII, et rétablis dans la caisse d'amortissement, conformément aux lois des 7 et 27 ventose an VIII.

XV. Le traitement des nouveaux percepteurs sera fixé par le Gouvernement, et ne pourra être au-dessus de cinq centimes par franc du montant des contributions qu'ils seront chargés de percevoir.

XVI. Les intérêts des cautionnemens seront payés chaque année.

TITRE VI.

Fixation des Contributions de l'an XIII.

XCI. La contribution foncière est fixée pour l'an XIII à deux cent six millions neuf cent huit mille francs en principal.

XCII. La répartition de cette somme, entre les cent

huit départemens , est faite conformément au tableau
annexé à la présente , n°. I.

XCIII. La contribution personnelle , somptuaire et
mobilière est fixée , pour l'an XIII , à la somme de trente-
deux millions huit cents mille francs en principal.

XCIV. La répartition de cette somme est faite , entre
les cent huit départemens , conformément au tableau
annexé à la présente , n°. II.

XCV. Il sera réparti , en sus du principal de l'une et
de l'autre contribution , deux centimes par franc pour
fonds de non-valeur et de dégrèvement.

XCVI. Il sera réparti en outre sur le principal , pour être
versé au trésor public , et pour servir à l'acquit des dépenses
fixes énoncées au tableau annexé à la présente , n°. III, le
nombre des centimes porté au même tableau.

XCVII. Il sera réparti également , sur le principal , le
nombre de centimes nécessaire à l'acquit des dépenses
variables énoncées au tableau , n°. IV, après que le conseil
général du département en aura réglé le montant , sans
pouvoir excéder le *maximum* porté au même tableau.

XCVIII. Les conseils municipaux des villes , bourgs
et villages répartiront de plus , au centime le franc de ces
deux contributions , pour leurs dépenses municipales
d'après la fixation qui en aura été faite , le nombre de centimes par franc qu'ils jugeront nécessaire , sans pouvoir
excéder le *maximum* fixé par la loi.

XCIX. La contribution des portes et fenêtres est
fixée , en principal , pour l'an XIII , à la somme de 16
millions.

C. La répartition de cette somme de 16 millions est
faite entre les départemens , conformément au tableau
annexé à la présente , n°. V.

CI. Il sera perçu , en outre du principal de la contribution des portes et fenêtres , dix centimes additionnels
par franc , pour frais de confection de rôles , et pour
dégrèvement et non-valeurs.

CII. Les patentes et les contributions indirectes perçues
en l'an XII sont prorogées pour l'an XIII.

EXPOSÉ des Motifs de la Loi concernant les Finances, présenté par le Conseiller d'Etat CRETET.

CITOYENS LÉGISLATEURS,

La loi du *budjet* annuel, destinée à régler les finances publiques, doit en embrasser le système entier. Son objet n'est point d'exposer des comptes; les ministres des finances et du trésor public pourvoient chaque année à ce devoir du Gouvernement.

Comme en l'an XI, le *budjet* de l'an XII est présenté sous la forme d'une loi unique. Les rapports inséparables qui existent entre toutes les parties des finances ne permettent pas d'en laisser aucune dans l'isolement et l'indépendance.

Les ressources doivent être présentées comme la conséquence des besoins, et les moyens d'exécution doivent accompagner les ressources; tout se lie, tout se tient dans ce système, et sans le principe d'unité on s'exposerait aux conséquences les plus dangereuses. Déjà en l'an XI vous avez sanctionné cette forme; elle est désormais la règle du Gouvernement.

L'ensemble des finances comprend trois époques très-distinctes, la situation des anciens exercices, celle de l'exercice courant, et celle apperçue de l'exercice prochain.

Le compte du ministre des finances est disposé dans cet ordre naturel. On y remarque d'abord que sur les cinquante-six millions de capitaux de rentes, créés par la loi du 30 ventose an IX, et destinés à éteindre ce qui restait dû sur les années V, VI et VII, il restait disponible au premier vendémiaire an XII.......... 40,848,400 fr.

Et que, sur les vingt millions destinés à solder les dépenses de l'an VIII, il restait à la même époque..................... 10,515,680. fr.

Ces restes de crédits suffiront pour apurer les exercices auxquels ils ont été destinés.

Ainsi sont établis les moyens définitifs de liquider ce qui reste dû sur les exercices 5, 6, 7 et 8.

L'époque précise où cette liquidation sera définitivement terminée ne peut être fixée. Les opérations importantes qui précèdent la reconnaissance des titres ou des prétentions sur l'Etat exigent beaucoup de maturité. Il faut séparer les demandes justes et légitimes de tout ce qui est mal fondé ou frauduleux. Des créanciers peuvent se plaindre de quelque retard ; mais il faut aussi considérer combien un examen lent et rigoureux a servi la justice et l'intérêt de l'Etat, combien de demandes honteuses, combien de prétentions frauduleuses ont déjà succombé sous cet examen.

Exercice an IX.

Il fut reconnu en l'an XI que les ressources restantes à recouvrer de l'exercice an IX suffiraient pour solder la totalité des dépenses de cet exercice. Cette situation n'a pas changé ; et l'on voit qu'il restait à rentrer ou à régulariser au premier vendémiaire an XII.......... 39,032,464 fr.

Il restait à disposer ou à régulariser sur les crédits............... 38,103,028

Ainsi les ressources balanceraient avec avantage ce qui reste dû sur cet exercice.

Exercice an X.

On présumait aussi en l'an XI que les ressources de l'exercice de l'an X suffiraient pour en solder les dépenses. Cette assertion s'est vérifiée.

Au premier vendémiaire an XII, il restait à rentrer ou à régulariser sur les revenus de l'an X.... 20,900,211 fr.

Il restait disponible ou à régulariser sur les crédits..... .... 24,874,859.

La légère différence entre ces deux sommes n'exprime pas un déficit ; le ministre annonce que ces opérations dont on s'occupe, ont déjà changé cette position ; elle ne sera fixée que lorsque ces opérations seront terminées.

Exercice an XI.

Les dépenses de l'an XI avaient été provisoirement éva-
luées par le *budjet* de la même année à . . 589,500,000 fr.
La guerre injuste et inattendue que le
Gouvernement doit soutenir, a augmenté
les dépenses de cet exercice d'une somme de 30,000,000

Total des besoins de l'an XI. . . . . 619,500,000 fr.

Le Gouvernement propose de fixer les dépenses de cet
exercice à cette somme de six cent dix-neuf millions cinq
cents mille francs. Elle sera prise tant sur les contributions
et revenus ordinaires de l'an XI, que sur les ressources
extraordinaires de la même année.

Avec ce faible supplément de trente millions, qui n'aura
donné naissance à aucune contribution nouvelle, le Gouvernement acquittera les dépenses des préparatifs étendus qu'il
a faits en l'an XI, préparatifs proportionnés à l'importance
de la guerre dans laquelle la nation a été si injustement
entraînée.

Dépenses de l'an XII.

La loi du 4 germinal an XI a ouvert au Gouvernement
un premier crédit de . . . . 300,000,000 fr.
Il propose aujourd'hui un nouveau
crédit de 400,000,000

Total. . . . . . 700,000,000 fr.

Cette somme sera prise sur le produit des contributions
décrétées par les lois, et sur les autres ressources de
l'an XII.
Elle suffira pour acquitter les dépenses dont le tableau
forme l'article 5 de la loi proposée.
Vous remarquerez, citoyens Législateurs, que la guerre,
dont les préparatifs ont été faits en l'an XI, occasionne pour
l'an XII un surcroît de cent dix millions cinq cents mille fr.
ainsi les besoins de l'état de guerre au-dessus de l'état de

paix, tels que ces derniers ont été calculés pour l'an **XI**, s'élèvent à cent dix millions cinq cents mille francs. Ce secours accordé aux circonstances suffira pour soutenir la guerre avec le déplacement des forces qu'elle exige ; et le Gouvernement se félicite avec la nation et avec vous de pouvoir exécuter ses desseins avec les ressources ordinaires, et les ressources extraordinaires proposées par la loi du budjet.

Au nombre des moyens extraordinaires applicables à l'an XII se présentent d'abord les dons volontaires offerts au Gouvernement à l'occasion de la guerre. En recevant avec une profonde reconnaissance ces actes du dévouement et du civisme, le Gouvernement a considéré que ces dons dégénéraient en une contribution inégale, en ce que tous les départemens n'ont pas pris les mêmes résolutions, et en ce que les sommes offertes sortaient, dans beaucoup de cas, des règles proportionnelles : il pense que la loi doit régulariser cet élan ; qu'elle doit veiller à ce que le sentiment le plus honorable ne produise des surcharges sur aucune des fractions de la nation.

Pour remplir complètement ce dessein, le Gouvernement aurait pu suspendre en totalité la réalisation des dons qui lui ont été offerts ; mais entraîné lui-même par ce mouvement de l'esprit national, il a mis en perception les portions des sommes offertes qui étaient payables en l'an XI et en l'an XII. Il propose aujourd'hui de limiter à ces mêmes portions les offres qui ont été faites, sans rien réduire néanmoins des offres particulières faites par le commerce de Paris, et par les villes de Marseille, Lyon et Bordeaux, pour la construction des vaisseaux.

Des cautionnemens et des supplémens de cautionnemens à fournir par les receveurs d'arrondissement et par les percepteurs des contributions directes forment une autre ressource extraordinaire. Les produits de ces cautionnemens seront versés au trésor public pour le service de l'an XII, et rétablis dans la caisse d'amortissement conformément aux lois des 7 et 27 ventose an VIII.

Sans cette dernière restriction, les produits des cautionnemens seraient un emprunt additionnel à la dette publique, lorsqu'ils ne sont effectivement qu'un emprunt substitué à un autre, au moyen des remboursemens successifs faits par le trésor public à la caisse d'amortissement où ils sont convertis en rachats de l'ancienne dette : d'où il résulte que l'emprunt fait par la voie des cautionnemens servant à éteindre des portions de cette ancienne dette, loin qu'il en naisse une augmentation de la dette publique, celle-ci est au contraire affaiblie de tout ce que la valeur vénale de l'ancienne dette donne d'avantages.

On peut s'assurer par le compte de la caisse d'amortissement, inséré dans celui du ministre des finances, combien la règle du rétablissement graduel des fonds de cautionnement est rigoureusement observé par le trésor public.

Des Droits réunis.

Citoyens Législateurs, avant de développer les motifs du titre V de la loi du *budjet* de l'an XII, il est nécessaire d'examiner ceux qui ont déterminé le Gouvernement à proposer l'établissement d'une contribution sur les boissons, ceux qui ont dirigé son choix, et les circonstances qui rendent cette innovation nécessaire.

Depuis long-temps le domaine spéculatif des finances est partagé entre deux opinions très-opposées : l'une, dans des vues de simplification et d'économie sur les frais de perception, appelle sur les terres toutes les impositions ; l'autre repousse les impôts fonciers, et ne voudrait que des contributions sur les consommations.

La raison et la force des choses ont placé les gouvernemens dans un terme mitoyen, et le système des finances de la République est établi sur une combinaison de deux genres de contributions.

Il est aisé de se convaincre qu'avant les diminutions successives faites sur la contribution foncière, elle était devenue intolérable à raison de l'inégalité de sa répartition.

Le Gouvernement a bien reconnu ce vice de l'ordre actuel. Son respect pour la justice et la propriété, a provoqué tous ses soins ; il les dirige depuis long-temps vers le but si désirable d'une égalité dans la répartition de la contribution foncière : mais jusque-là il est évident que cette contribution ne présente aucune base raisonnable qui permette d'y puiser aucune ressource extraordinaire.

En parcourant les autres contributions, on aperçoit que les droits d'enregistrement et de timbre sont portés à un terme trop élevé pour qu'il fût permis d'y chercher une ressource extraordinaire.

L'imposition des portes et fenêtres est déjà considérable,

de plus, elle participe beaucoup des contributions directes, et, comme elles, on ne saurait l'augmenter sans inconvénient.

La contribution mobilière et les patentes établies sur des bases en partie arbitraires, ne peuvent être dépecées sans augmenter tout les inconvéniens d'inégalité et de non-proportion.

Les douanes tiennent leurs produits des circonstances ; elles sont réglées par l'intérêt du commerce général, et sous ces deux rapports elles ne peuvent entrer dans les projets d'accroissement du revenu public.

Au milieu de ces difficultés, le Gouvernement se trouve cependant atteint par la nécessité de placer les finances publiques dans une position conforme à l'intérêt national, d'assurer le présent, de prévoir l'avenir et de mettre le peuple français dans la sécurité contre les inconvéniens d'un système de finances insuffisant ou incomplet.

Après tant d'efforts couronnés par tant de gloire, la nation française pouvait espérer qu'elle serait long-temps préservée d'imprudentes attaques ; mais, avertie par l'agression d'un Gouvernement ennemi de sa puissance, jaloux de sa prospérité, elle doit prévoir que son amour pour la paix ne saurait être la seule règle de ses destinées ; et puisque cette paix peut être troublée sans motifs légitimes, elle ne doit en prévoir la durée que par les difficultés qu'elle opposera en tout temps à ceux qui voudraient la rompre.

Depuis plus d'un siècle les nations de l'Europe, sous le titre de traités de paix, ne font plus que des trèves ; elles conservent dans la paix les moyens exagérés qu'elles ont employés pendant la guerre. Cet état de menaces dont chaque peuple effraie ses voisins, est l'effet sans remède d'une politique aveuglée. Des couleurs de la prudence nourrissent la haine, l'ambition et la défiance. L'Europe paraît destinée à exister long-temps au milieu de ces orages, et comme on ne peut espérer entre les nations qui la composent un concert de modération, elle sont à jamais condamnées aux sacrifices qu'exige le maintien d'une force toujours prête à agir.

La France, enveloppée dans le même système, ne doit donc compter ni sur sa masse, ni sur sa force intrinsèque, ni sur les bornes absolues fixées par la nature à son territoire, ni sur la modération de son Gouvernement, ni sur son amour pour la paix ; elle sera toujours exposée à se voir troublée par d'injustes prétextes, autant de temps sur-tout

qu'une

qu'une nation, son ennemie invétérée, s'acharnera à confirmer le despotisme qu'elle exerce sur l'univers, autant que cette même nation aura d'intérêt et de moyens pour troubler son repos et entraîner à la guerre les nations continentales de l'Europe.

Cet état de choses indique à la France ce qu'elle doit faire pour la paix, et ce qu'elle doit préparer pour la guerre. Il lui marque la nécessité de s'occuper sans cesse de son armée et de sa marine ; il lui commande des mesures telles que, sans alarmer ses voisins, elle puisse n'en avoir rien à craindre ; et comme tous les moyens de force et de résistance sont dans la dépendance des finances publiques, la nation doit être incessamment pourvue d'un système de finances tellement organisé, qu'elle puisse en attendre la plus complète sécurité.

Il serait imprudent de se confier à la ressource des emprunts ; elle semble interdite aujourd'hui aux nations de l'Europe. Une seule continue à s'en prévaloir et à en abuser ; on sait assez que ce genre de puissance est chez elle voisin de sa chute, et qu'un instant suffira pour rompre le cercle des illusions dans lequel circule son crédit. Ainsi, en ne considérant les emprunts que comme un moyen très-limité, très-incertain, ils ne peuvent entrer comme partie essentielle dans le système des finances françaises.

Si, ne comptant plus sur le succès des emprunts, la nation française se livrait à une dangereuse imprévoyance, et si elle s'abandonnait imprudemment aux hasards des événemens et de la fortune, elle n'aurait évidemment de ressources, nécessité survenant, que dans des contributions nouvelles, ou dans des additions aux contributions antérieurement établies.

Mais il est hors de doute que si les moyens d'user de cette ressource n'étaient pas d'avance organisés, elle s'annullerait dans ses mains sans produire les effets qu'on devrait en attendre.

Alors les besoins ne permettant plus le choix des moyens, on verrait ou renouveler les mesures désastreuses d'appel sur les capitaux, de réquisitions en nature, et des contributions arbitraires : ces résultats désastreux de l'imprévoyance placeraient la nation auprès de sa ruine, en contraignant son Gouvernement à exercer une guerre intérieure pour être en état de soutenir une guerre étrangère.

On conclut inévitablement de cette exposition que les

Manuel des Contribuables. 4ᵉ. Supl. An XIII. 2

finances de la République doivent être constituées d'avance pour l'état de paix et pour l'état de guerre.

Pour l'état de paix, tout est établi : notre situation pendant l'an X et une partie de l'an XI a suffisamment prouvé que des contributions ordinaires et modérées assureront l'équilibre entre les recettes et les dépenses.

En projetant l'état de guerre, nous donnerons l'exclusion à la faible ressource de la formation d'une épargne où viendraient s'accumuler des métaux dont l'absence appauvrirait la circulation, et mettrait la détresse publique à côté de la richesse du fisc. Cette ressource ne convient qu'aux états faibles pour lesquels une précaution de cette espèce est légitime, ou aux gouvernemens absolus qui présagent avec raison les limites de la violence sur laquelle sont fondées leurs finances.

Nous donnerons aussi exclusion à la ressource des emprunts. On ne peut confier les destinées d'un État au hasard des combinaisons du crédit, lorsque sur-tout ce moyen, indépendamment de tous ses inconvéniens, est autant altéré dans l'époque où nous vivons.

Nous repousserons avec énergie la chance désastreuse du recours aux capitaux, aux réquisitions et aux contributions arbitraires ; ce serait attendre la vie des germes de la destruction.

Mais nous userons de la ressource efficace d'une constitution de contributions ordinaires, telle, qu'elle devienne le type des supplémens qu'exigeraient les circonstances. C'est la voie la plus sûre d'obtenir des fonds extraordinaires, sans écraser aucun genre de propriété, aucune classe de citoyens, aucun individu ; et sans grever les générations futures par des emprunts accumulés qui, devenus insupportables, compromettent l'honneur d'une nation, en la conduisant à l'impossibilité de s'acquitter.

Le Gouvernement médite ces vues depuis sa formation ; l'opinion l'a souvent averti de la convenance de s'occuper des contributions indirectes ; il a dû soumettre cette question à la plus grande maturité : le temps lui permettait de suspendre sa détermination, et, s'il s'en occupe aujourd'hui, c'est parce qu'il s'est cru capable de vous proposer de bons résultats.

Il a pesé ses besoins pour les années XII et XIII ; il se croit assuré de pouvoir poursuivre la guerre avec énergie pendant ces deux années, sans le secours étendu de nouvelles contributions.

Cet état d'indépendance et de liberté lui a paru le moment le mieux choisi et le plus propre à constituer notre système, par des combinaisons qui puissent en assurer l'immuable efficacité ; il s'est dit : Si la nation ne pouvait conquérir la paix avant l'an XIV, il faut qu'à cette époque les ressources soient établies pour continuer la guerre jusqu'à l'époque marquée par les inflexibles destinées.

En l'an XIV, on se flatterait en vain d'établir utilement de nouvelles contributions; on sait que leurs produits sont nuls dans l'origine. Il faut donc constituer, dès l'an XII, ce dont on aurait besoin d'user en l'an XIV.

En effet, l'exercice à établir sur le tabac et les boissons, exige la formation d'une régie, et cette régie ne remplira de bonnes fonctions qu'après les épreuves de sa première organisation.

Ainsi, soit que l'on considère les propositions du Gouvernement dans leur utilité pour l'avenir, et dans leur nécessité pour les circonstances actuelles, on reconnaîtra que l'an XII est l'époque la mieux choisie pour les réaliser.

En proposant des contributions indirectes, le Gouvernement ne les a pas seulement considérées comme un simple moyen de pourvoir à des dépenses extraordinaires pour la guerre ; il s'est encore convaincu qu'on en tirerait un parti très-utile en temps de paix, en appliquant des portions de leur produit au dégrèvement de la contribution foncière. Je dois exposer ses vues sur ce point.

Il est universellement reconnu que la contribution foncière, si elle était également répartie, serait dans des proportions très - modérées ; mais les énormes disproportions de la répartition pèsent d'une manière intolérable sur certaines propriétés : de sorte que dans des cas de guerre où il serait nécessaire de demander une addition passagère sur cette contribution, la chose ne pourrait avoir lieu sans aggraver le sort des victimes de l'inégalité ; et alors, quoique les biens-fonds soient la partie la plus substancielle de la richesse nationale, celle la plus intéressée à la conservation de l'ordre établi, il faudrait néanmoins renoncer à les atteindre par des additions à la contribution foncière, dans la crainte de résultats trop éloignés de l'équité.

2 *

Il ne peut être remédié à cet inconvénient que par le succès des mesures que le Gouvernement fait exécuter pour mieux connaître l'étendue et la valeur de la matière foncière imposable. Ce succès permettra de faire une répartition fondée sur des bases, sinon géométriquement établies, du moins très-approximativement reconnues.

Du moment où, par ces approximations, l'égalité aura été établie, tout deviendra facile; et si les besoins de l'Etat exigeaient une addition à la contribution, la loi pourrait la statuer, sans craindre de blesser d'une manière sensible les intérêts d'aucun propriétaire.

Mais lorsque l'opération cadastrale sera finie, si alors on reconnaît une grande distance entre le département le plus ménagé et celui le plus imposé, conviendrait-il d'arriver à l'égalité par une addition à la contribution de tous les départemens, telle qu'elle pût établir une proportion rigoureuse avec celui qui serait le plus chargé? Le Gouvernement ne le pense pas. Cette méthode lui paraît dure et d'espèce à provoquer beaucoup de murmures; il croit qu'il sera préférable d'adopter une règle diamétralement opposée, en dégrevant tous les départemens de manière à les niveler avec celui le moins imposé. Cette méthode exigera sans doute alors de grands sacrifices sur les produits de la contribution foncière, mais elle sera praticable, si l'on peut jouir à cette époque d'une compensation sur le produit des contributions indirectes.

Il faudra du temps pour compléter ce système; mais le temps n'est point une considération pour les Etats, ni un motif de découragement pour leurs gouvernemens : celui de la République marchera constamment vers ce but; il a fait ses premiers pas en l'an XI, en vous proposant un dégrèvement de dix millions sur la contribution foncière, dont la répartition a été faite en partie dans une mesure qui tendait à soulager les départemens les plus notoirement surchargés.

Fidèle à ce plan, et malgré ses besoins actuels, le Gouvernement pense que ce système de dégrèvemens annuels doit être constamment poursuivi; il proposa en conséquence un dégrèvement pour l'an XIII, de trois millions quatre-vingt-douze mille francs, applicables dans des proportions diverses à trente des départemens notoirement surchargés.

Cette méthode d'arriver à la vérité, par l'étude des faits,

par le temps et l'expérience, doit produire un jour les améliorations désirées.

Cette digression, qui appartient à la matière de la loi, mais qui s'écarte de son ordre, devait trouver ici sa place, parce qu'elle explique l'une des raisons qui ont déterminé le Gouvernement à s'attacher à l'établissement des contributions indirectes.

Vous connaissez, citoyens Législateurs, les motifs du Gouvernement sur cet objet. Je dois actuellement expliquer le choix qu'il a fait de l'exercice sur le tabac, et d'une contribution nouvelle sur les boissons. Je dois expliquer aussi les moyens d'exécution qui ont paru les plus convenables.

Les impôts sur les consommations ne peuvent fournir des produits de quelque importance, ni supporter les frais de leur administration, qu'autant qu'ils s'attachent aux objets dont l'usage est le plus universellement étendu, et qui fournissant une matière imposable très-vaste, permettent de n'affecter chaque portion de cette matière que dans une proportion assez faible pour que le sacrifice de chaque individu soit peu sensible.

En parcourant les objets que les hommes consomment en plus grande quantité, on voit en première ligne le blé et les autres substances céréales. Jamais on n'a pu proposer sérieusement de soumettre cette base de la vie à un impôt de consommation. Il est inutile d'en discuter les inconvéniens.

Vient ensuite la viande, denrée aussi utile, mais moins indispensable. On ne put jamais en faire l'objet d'une contribution générale. Les villes seules admettent la possibilité d'y puiser quelques ressources pour les besoins locaux.

Nous ne parlerons ni des combustibles, ni du beurre, ni de l'huile, ni des matières propres à vêtir, ni d'une multitude d'autres objets qui soutiennent le pauvre ou qui alimentent le luxe ; chacun d'eux, considéré séparément, présente des inconvenances, ou trop peu d'importance.

Ce n'est pas qu'il faille rejeter également tous ces articles de consommation ; quelques-uns d'entre eux seraient susceptibles de produire des contributions, si les moyens de les percevoir étaient établis préalablement pour d'autres objets plus importans.

Nous arrivons au sel, matière d'un usage général. Le Gouvernement a examiné avec la plus grande attention les

propositions multipliées faites depuis quelques années de le
soumettre à l'impôt : mais considérant combien il restait sur
cette question de difficultés à résoudre, relativement à la
répugnance qu'avait fait naître un régime odieux, par l'inégalité et la dureté de sa perception ; considérant que les
habitudes variées du vaste territoire de la France, les difficultés de s'opposer à la contrebande, étaient des obstacles
dont la solution ne paraissait point établie, il s'est déterminé à retrancher le sel du petit nombre d'objets sur lesquels
il serait convenable d'établir des contributions.

Nous verrons par la suite que le Piémont forme une espèce
d'exception ; mais les motifs en seront déduits.

Le tabac est la matière la plus universellement reconnue
comme susceptible d'être atteinte par un impôt de consommation. Je n'ai point à discuter les principes ni les mesures
que propose le Gouvernement sur cet objet : il ne présente
pas une contribution nouvelle, mais seulement l'amélioration de celle établie par des lois antérieures.

Jusques-là nous n'avons rencontré aucune matière que l'on
puisse prendre comme base de contribution indirecte ; et le
système, tout utile qu'il est, serait resté dans les hypo-
thèses, si l'on ne s'était convaincu de la convenance et de
la possibilité d'établir un droit de consommation sur les
boissons et sur les distilleries de grains.

Pour ceux qui sont convaincus de la nécessité des impôts
sur les consommations, on fut toujours d'accord de considérer les boissons comme fournissant une base abondante
à raison de l'étendue de la généralité de leur usage, et en
ce qu'elles ne sont pas rigoureusement de première nécessité ; mais ce que l'on résout en principe, devient ensuite
très-difficile dans l'application.

On ne voit d'abord que le rétablissement d'une contribution abolie, des entraves pour la propriété et le commerce,
des frais de perception.

Le Gouvernement, décidé à proposer l'établissement
d'une contribution sur les boissons, a dû examiner les trois
systèmes qui occupaient l'opinion publique. Par un premier projet on affranchit la culture du vin de toute formalité et de toute recherche ; on se bornerait à surveiller ses
mouvemens et à l'imposer à son entrée dans le commerce et
la circulation : prévoyant ensuite que dans ce cas la plus
grande quantité des boissons échapperaient à l'impôt, on a
cru trouver une compensation, en élevant le droit dans la

proportion de la longueur des transports. Ceci est basé sur la supposition que les transports éloignés ne s'exercent que sur des vins de qualités recherchées, et conséquemment susceptibles d'être affectés d'un droit plus étendu.

Au nombre des inconvéniens reprochés à ce système, il faut d'abord remarquer la modicité des produits, l'inexactitude de la supposition de laquelle il résulterait que les seuls vins de haut prix sont transportés à de grandes distances, l'inconvénient d'établir une véritable progression, et de surtaxer les consommateurs éloignés qui ont déjà supporté des frais de transport très-considérables.

On a reproché à ce mode d'exiger des visites trop multipliées des chargemens, de placer la perception sur un nombre de points indéfinis, c'est-à-dire, par-tout où il y aurait des consommateurs; de nécessiter l'établissement d'un grand nombre de commis pour délivrer des acquits-à-caution, et d'un nombre beaucoup plus grand pour décharger ces mêmes acquits: de soumettre le cultivateur de vignes que l'on voudrait exempter des droits, à prendre néanmoins des acquits-à-caution, et à souffrir tout ce qui résulterait du défaut de leur décharge.

Enfin l'on a reconnu que ce mode conduirait inévitablement, à peine de nullité, à la formalité d'un inventaire à la fabrication; formalité sans laquelle on ne saurait à qui et pour quelle quantité délivrer des acquits-à-caution en connaissance de cause.

Par une autre proposition, on voudrait réduire le droit à une perception sur les vins consommés dans les auberges, les cabarets et autres lieux publics.

Mais il a été facile de se convaincre qu'en affranchissant ainsi de tout droit la majeure partie de la consommation, on se préparait à n'obtenir que de faibles produits; que cette contribution partielle s'éloignait des principes de l'égalité, et que pour de modiques avantages on s'exposait au retour des désordres qui affectaient jadis cette branche des aides. On n'a pas oublié que l'exercice dans les cabarets était la source déplorable des luttes, des rixes souvent sanglantes qui s'élevaient jadis entre les commis peu nombreux, et les habitués turbulans, que les cabaretiers frauduleux appelaient à leurs secours.

Les rixes s'allument trop facilement chez des hommes de certaine classe et de certaines mœurs; la loi chargée de tout

prévoir, doit éviter les regrets d'avoir établi des occasions
trop nombreuses de les punir.

Enfin une troisième proposition, celle que le Gouvernement a définitivement adoptée, consiste à établir un droit
léger et uniforme sur les boissons à la première vente, payable
par l'acquéreur; droit dont la perception sera assurée par
un inventaire fait à la fabrication des boissons.

On apperçoit bientôt que ce mode remplit les principales
conditions d'un impôt sur les consommations. Il s'attache à
une matière d'une immense étendue, il en atteint toutes les
parties, et, avec cette dernière condition, il prépare des
produits importans sans que la contribution cesse d'être
légère.

A côté de ces avantages se placent des objections dont il
convient de mesurer l'importance; vous aurez à les méditer,
citoyens Législateurs : il faut que la loi qui aura obtenu votre
assentiment, soit un résultat de votre conviction et de votre
conscience. Il faut qu'ayant à la prononcer au nom du peuple, vous puissiez concourir à l'éclairer, et à faire taire les
préjugés, à repousser de fausses comparaisons, à donner
enfin au vœu national le caractère d'unité qui fait la sanction
des bonnes lois.

On pourra dire (et c'est une objection qu'il faut prévoir)
que le droit proposé participe des contributions directes,
en ce que, dans le cas où l'acquéreur ne l'acquitterait pas, le
propriétaire serait obligé de payer. Il faudrait d'abord, pour
justifier ce raisonnement, admettre la supposition sur laquelle il repose; mais on doit reconnaître, d'un autre côté
que toutes les fois que le propriétaire n'aura pas exigé de
l'acquéreur de son vin la représentation de la quittance de
l'acquit du droit, c'est que par une convention particulière
qu'il est très-libre de ne pas souscrire, ou par sa propre convenance, il aura reçu ce droit lui-même, ou il l'aura con-
fondu dans le prix de la vente.

· Le droit est loin d'avoir le caractère d'une contribution
directe : celle-ci exige toujours une avance souvent perdue,
si un fléau détruit la récolte, et toujours irrecouvrable autrement que par la valeur confuse des denrées recueillies.

Le droit sur les vins ne porte, au contraire, que sur une
récolte préexistante ; il n'exige point d'avance, puisqu'il n'est
perceptible qu'à la vente; enfin il est recouvrable.

On le sent : à côté de cette définition précise, peuvent
être placées des objections nombreuses tirées d'une doctrine

vague sur la nature des contributions. Il n'est utile, ni de les prévenir, ni de les combattre.

Une partie de la France fut soumise autrefois à la formalité et au droit d'inventaire : familiarisés avec cette gêne légère, les habitans de ces contrées souscriront sans regret à une loi qui les laisse affranchis des autres détails accablans du régime des aides.

D'autres contrées fort étendues ne connurent jamais la formalité d'inventaire. Elles pourraient envisager la loi avec quelque effroi, si on ne leur faisait remarquer qu'elles payaient des équivalens peut-être plus dispendieux ; que l'exercice de ces équivalens les soumettait aussi à des formalités gênantes ; que si d'ailleurs un léger sacrifice de leurs anciennes habitudes était attaché au nouvel établissement, elles le seront au système d'unité de l'administration. Elles en ont donné une garantie irrécusable, lorsqu'éclairées par la raison d'Etat, et partageant l'esprit public qui anime toute la nation française, elles ont vu, sans murmurer, supprimer leurs usages particuliers, abroger leurs coutumes et leur législation, pour partager celle de la grande famille.

Mais ne doit-on pas s'alarmer de la faculté donnée aux employés de la régie, de pénétrer dans le domicile des propriétaires de vignes ? Nous répondons qu'il y aurait confusion d'idées et de choses, si l'on considérait la formalité d'inventaire accomplie dans le cours de quelques heures dans des caves et celliers, comme une visite domiciliaire. On sent de reste combien cette méprise serait grossière: la visite domiciliaire n'est aussi redoutable, que parce que des agens souvent inconnus peuvent exercer cet acte dans tous les temps, qu'ils peuvent porter le trouble, la terreur et l'inquisition dans le sein de la famille, dans toutes les parties de son domicile, dans les papiers qui contiennent le secret de ses affaires, sur tous les points enfin où elle plaçait son repos et sa sureté.

Comment comparer à cela une visite étrangère aux lieux habités par la famille, pratiquée dans des caves et celliers, qui, pendant les vendanges, sont communément ouverts à tout le monde ; visite circonscrite dans une époque limitée, et qui en général ne sera exercée qu'une fois par an ?

La loi proposée est encore exposée à d'autres reproches, trop peu fondés pour exiger une discussion. Nous remarquerons cependant que l'on pourrait s'élever contre la concession faite à chaque famille, de neuf hectolitres de vin, et de dix-

huit hectolitres de cidre qu'elle pourra consommer en fran-
chise du droit d'inventaire, concession dont les effets atté-
nueront les produits du droit.

On convient qu'en principe très-rigoureux, on pourrait
soutenir que, pour être générale, la loi ne devrait point
admettre cette exception ; mais les principes naturels récla-
ment aussi en faveur de la liberté de consommer ce qu'on a
recueilli ; et voudrions-nous être plus rigoureux que les anciennes aides, qui admettaient des exemptions très-nom-
breuses, et sur-tout dans certains cas celle de trois muids de
vin par année et par famille ?

Il est évident que les vins qui seront convertis en eau-de-
vie, auront acquitté les droits ; la valeur de l'eau-de-vie sera
affectée de cette dépense : il est également évident que cette
charge nouvelle imposée aux eaux-de-vie, pourrait leur donner
un désavantage sensible dans la concurrence qu'elles ont à
supporter à l'extérieur avec des eaux-de-vie de crus étrangers.
Le Gouvernement, qui sent l'importance de ce commerce,
et qui lui doit une haute protection, fera examiner cette
question, pour fixer la quotité du droit à restituer à l'exportation, et pour proposer la loi qu'il jugera nécessaire ; il
pourra même, si la chose devenait urgente, user du pouvoir
qui lui a été conféré par les lois de statuer provisoirement en
matière de douanes.

Ici s'arrête, citoyens Législateurs, la discussion des motifs
qui ont décidé le Gouvernement à proposer une contribution indirecte sur les boissons, et à l'établir par le mode de
l'inventaire. Je passe aux moyens d'exécution organisés par le
projet de loi, et, pour me conformer à l'ordre des articles
qu'elle contient, je parlerai d'abord du tabac.

Des Tabacs.

La question du tabac ne se présente jamais en législation
sans rappeler des regrets sur l'inutile destruction de cette
branche importante du revenu public ; mais ce que l'on
aurait pu conserver, il n'est plus possible de le rétablir. La
fabrication du tabac et sa culture sont devenus le patrimoine
légitime de l'industrie d'une multitude de familles, et il est
à jamais prononcé que l'on ne doit pas songer au rétablissement d'une fabrication nationale exclusive. La loi du 29
floréal an X a établi une compensation en créant un droit

sur l'importation des tabacs étrangers et un autre droit sur la fabrication de toutes les espèces de feuilles.

La première partie de cette contribution a été facilement perçue par les douanes ; il lui a suffi de s'opposer à la contrebande, ce qu'elle a fait avec succès.

Le droit de fabrication n'a pas eu le même sort ; il est tombé dans une nullité presque absolue; parce que, faute de pouvoir exercer les fabriques, on les a soumises à une simple évaluation trop facilement éludée. La loi proposée, qui suppose l'organisation d'une régie, donnera des moyens d'exercer les fabriques, de surveiller et réprimer les fraudes qu'elles pourraient tenter.

La loi prépare deux moyens d'amélioration sur les produits du tabac; elle élève jusqu'à un franc par kilogramme le droit d'importation sur les feuilles étrangères parvenues par navires étrangers : ce droit n'était que d'environ soixante-six centimes. Cette augmentation est justifiée par le désir bien fondée d'augmenter les produits sur un objet dont la consommation est une branche du luxe. L'administration des douanes se flatte que cette addition ne produira pas une contrebande plus étendue.

Il est à remarquer que le même tabac paie environ cent soixante francs pour droit de consommation en Angleterre, c'est-à-dire, trois fois plus qu'en France. Quant au droit de fabrication, la loi proposée le fixe à quatre décimes par kilogramme sur toute espèce de feuilles : vous jugerez, par les détails de cette loi et par les précautions variées qu'elle contient, que l'on peut espérer le recouvrement de cette contribution, quelques fraudes inévitables exceptées.

Le projet d'obtenir des résultats plus considérables des droits sur le tabac a fait rechercher les moyens d'acquérir, par des inventaires, la connaissance des produits de la culture indigène; il fallait dans ce cas soumettre les mouvemens de ce tabac à des acquits-à-caution et à des visites sur les routes ; mais on a reconnu que pour atteindre ce but, il faudrait assujettir le tabac à une série de formalités nuisibles aux spéculations et à l'activité du commerce, et plus nuisibles encore à la culture d'une substance dont la récolte, la préparation et la vente sont entourées de difficultés, de détails, et d'événemens contraires. Le régime d'un exercice sur la culture du tabac aurait pu la décourager au grand préjudice de la balance du commerce national ; il aurait d'ailleurs donné ouverture à une multitude de fraudes que la surveillance la plus active n'aurait pu empêcher.

Des Boissons et Distilleries.

Nous avons déjà longuement parlé du principe de la loi sur les boissons. Il nous reste à faire quelques observations sur son exécution.

On voit dans le projet de loi , quant au vin , qu'il sera fait un inventaire dans les six semaines qui suivront la récolte ; qu'à cet effet les caves , celliers et magasins seront ouverts pendant ce temps aux employés ; qu'il sera payé par l'acquéreur, au moment de la vente des vins, un droit de quarante centimes par hectolitre ; que l'inventaire des boissons sera récolé à la fin de l'année ; que le propriétaire sera responsable du droit pour les boissons qu'il ne pourra représenter ; que le restant de la récolte d'une année qui sera trouvé invendu à l'époque du récolement , sera reporté à l'inventaire de l'année suivante.

Les cidres et poirés seront assujettis au régime de l'inventaire ; ils acquitteront à la vente un droit de seize centimes par hectolitre.

Les boissons faites avec de l'eau passée sur les marcs ne seront sujettes à aucun droit.

La bière sera exercée à la fabrication ; elle acquittera quarante centimes par hectolitre. Ce droit éprouve une modification sensible par la concession très-forte d'une déduction de quinze pour cent pour ouillage et coulage.

L'objet de la partie de la loi sur les distilleries est d'établir sur celles de grains et de cerises un droit que les eaux-de-vie de vin , cidre et poiré auront supporté en acquittant le droit d'inventaire sur les vins.

Sur ce rapport il était nécessaire de constituer un équilibre entre les différentes espèces d'eau-de-vie.

D'autres motifs appelaient l'établissement d'un droit sur la distillation des grains.

En effet, après avoir reconnu jusqu'à quel point la distillation des grains favorise l'agriculture par la consom-

mation des résidus, l'engrais des bestiaux et celui des
terres, on ne peut se dissimuler que la consommation
démesurée des eaux-de-vie de grain ne soit abusive et
préjudiciable aux mœurs et à la conservation de la constitution physique des peuples : que si cette distillation
n'était soumise à aucun frein, elle pourrait compromettre
la subsistance la plus indispensable, et favoriser une immense exportation de grains alors qu'ils auraient été convertis en eaux-de-vie.

Il est bien entendu que dans ces derniers cas le Gouvernement, qui ne perdra jamais de vue la consommation
des grains par les distillations, devra, dans toutes les circonstances où la nécessité en sera indiquée, suspendre la
faculté de distiller ; mais, même dans les cas ordinaires,
il est bon de modérer l'excès de ces distillations, en éta-
blissant un droit qui, au surplus, sera un moyen assuré
de les surveiller et de les restreindre à propos.

Un droit équivalent à jadis subsisté dans la plupart
des départemens réunis ; pour ceux-là, ce n'est qu'un rétablissement. On peut croire que pour tous les autres
l'existence légale des distilleries sera considérée comme un
avantage.

Comme pour les vins, le Gouvernement examinera la
question de restitution du droit aux eaux-de-vie de grains
exportées.

De la Régie.

La loi constitue une régie publique ou nationale, sous
le titre de *Régie des Droits réunis.* Elle fixe les bases de
son institution, les devoirs et les pouvoirs des employés,
la forme de procéder, et les tribunaux ; elle réserve au
Gouvernement le soin d'organiser cette régie par des réglemens d'administration publique.

Le Gouvernement procédera avec mesure à cette organisation. Le cadre des employés ne sera rempli que successivement et lorsque leur utilité aura été établie. Il
variera l'espèce et le traitement des employés ; il imi-
tera le régime des aides en confiant, moyennant un modique salaire, la formalité des inventaires à des agens de-

miciliés , qui , par cette circonstance , conviendront beau‑
coup mieux aux propriétaires.

Il est facile d'appercevoir qu'en constituant une régie ,
le Gouvernement a voulu écarter tout projet de ferme.
Ce mode , malgré des exemples de succès , ne saurait con‑
venir à la perception adoucie des contributions ; il con‑
tracte un caractère de rigueur sous l'empire de l'intérêt
privé ; les citoyens éprouvent des actes et des formes
oppressives , trop chèrement achetées par quelques avan‑
tages sur les produits.

Nous avons épuisé l'examen des principes et de l'orga‑
nisation des contributions nouvelles proposées par la loi
du *budjet* de l'an XII ; nous allons parcourir les autres
dispositions de cette loi : elles exigent peu de dévelop‑
pement.

Fixation des Contributions de l'an XIII.

Les contributions pour l'an XIII , leur répartition , et
les centimes additionnels , n'éprouvent d'autre variation
que celle de la diminution de trois millions quatre‑vingt‑
douze mille francs , faite sur le principal de la contri‑
bution foncière. Cette somme a été , comme nous l'avons
dit , distribuée en dégrèvemens à trente des départemens
de la République les plus notoirement surchargés.

Crédit provisoire de l'an XIII.

Suivant la forme annuelle , le Gouvernement demande un
crédit provisoire sur les contributions et les autres ressources
de l'an 13 , à compte des dépenses des différens ministères
pendant le même exercice. Ce crédit sera de quarante
millions.

De la vente des Domaines nationaux.

Le Gouvernement averti que , pour éviter des aliéna‑
tions à vil prix , et pour ne pas faire plus long‑temps le
sacrifice des intérêts du prix des ventes , il est devenu
nécessaire d'apporter quelques changemens à la vente des
domaines nationaux , propose de fixer à vingt années de

revenus, pour les bien ruraux, et à douze années, pour les bâtimens et usines, la quotité de la première mise à prix desdits domaines.

Il propose aussi d'assujettir les acquéreurs à payer les intérêts à cinq pour cent l'an, des portions du prix des ventes au paiement desquels il, aurait accordé des termes au-delà de trois mois.

Les articles 107, 108, 109, 110, 111 et 112 organisent un mode particulier de vente et de paiement des domaines nationaux dans les six départemens de la 17e. division militaire.

Il sera mis en vente dans ces départemens des domaines nationaux jusqu'à concurrence de quarante millions.

Le prix des adjudications sera payable en capitaux de la dette constituée du ci devant Piémont, calculés à vingt fois la rente pour la dette perpétuelle, et à dix fois pour la dette viagère.

Les actions qui ont été émises sur les biens de l'abbaye de Lucidio, montant à un million trois cent cinquante mille francs, seront admises en paiement.

Vous reconnaîtrez, citoyens Législateurs, dans ces dernières mesures que le Gouvernement, frappé de la position des propriétaires de la dette publique du Piémont, a cru juste de la liquider par les biens qui en font le gage naturel. Ce moyen sans doute ne permettra pas à tous les créanciers de devenir acquéreurs ; mais l'exécution donnée à toute autre valeur qu'à la dette publique pour le paiement de ces biens, doit en soutenir le prix vénal dans ces proportions favorables aux propriétaires de cette dette.

Il n'est pas hors de propos de remarquer que jusqu'à l'extinction de la dette du Piémont, le Gouvernement en a fait acquitter ponctuellement les arrérages.

De la Monnaie de billon.

Les anciennes pièces dites de *deux sous* embarrassent depuis long-temps la circulation ; presque toutes ont perdu leur empreinte ; leur valeur est déjà réduite par le fait ; elles ne passent que pour six liards.

Les pièces de deux sous non marquées ou peu marquées font l'occasion de discussions innombrables dans les petites transactions. Des combinaisons frauduleuses les ramènent perpétuellement dans les grandes caisses, d'où elles ne sortent qu'en imposant une perte certaine à ceux qui ont besoin de les remettre en circulation. Il est telles de ces pièces qui, dans un court espace de temps, ont plusieurs fois gagné ou perdu vingt-cinq pour cent, suivant les circonstances.

La masse de cette monnaie incommode paraît de beaucoup diminuée. La réduction uniforme dont la loi proposée va la frapper, produira des conséquences peu sensibles.

Nous cédons ici au besoin de faire une remarque sur la destruction rapide des monnaies les plus usuelles.

Il est probable que la masse des monnaies de billon est de beaucoup diminuée, sans qu'on puisse indiquer d'autre cause de leur dissipation qu'un écoulement continu, occasionné par la perte à laquelle les expose leur marche précipitée dans la circulation. Il n'exista jamais d'intérêt à les fondre.

Ces monnaies tiennent des portions d'argent fin : c'est ce dernier métal qu'il faut sur-tout regretter. On doit conclure de cette remarque que le billon auquel on a justement renoncé est une matière très-désavantageuse pour la fabrication de petite monnaie.

De l'approvisionnement du Sel dans les départemens de la vingt-septième division militaire.

Nous avons eu l'occasion d'annoncer que les départemens de la vingt-septième division militaire formeraient une exception à l'exclusion donnée à toute contribution sur le sel.

Le ci-devant Piémont, comme tous les états éloignés de la mer et privés en même-temps des sels fossiles, a toujours été exposé à voir ses approvisionnemens compromis, lorsque des circonstances de guerre ont suspendu les moyens de transit au travers des contrées qui le séparent de la mer. Aussi les anciens souverains du Piémont s'étaient réservé le

soin

loin de faire les approvisionnemens de sel ; ils n'osaient s'en rapporter au commerce pour cet important objet.

La même police a prévalu dans les états les plus libres. Elle était presque générale en Suisse.

Des évènemens récens ont prouvé la sagesse de cette mesure. Lorsque les Autrichiens ont gouverné le Piémont pendant la dernière guerre , on a vu , par des effets de monopole ou d'épuisement des magasins , le sel s'élever au prix exorbitant de trente sous la livre.

Le Piémont , quoique réuni à la République , n'est pas moins séparé de ses moyens d'approvisionnemens par le territoire de Gênes et celui de la république italienne. Le commerce sur les côtes de ces deux états peut être souvent et pendant long-temps interrompu par la guerre.

Si dans ce cas le Piémont n'était pas fortement approvisionné en sel, il ne lui resterait que la ressource très-coûteuse de tirer des sels de France par terre et au travers des Alpes. Cette position du Piémont , relativement à cet objet de première nécessité , a excité toute l'attention du Gouvernement; il lui a été démontré qu'abandonner les approvisionnemens de sel au commerce , c'était se livrer à ses variations , à son imprévoyance ; c'était s'exposer à obtenir facilement des états voisins un transit en faveur du commerce , qui pourrait en abuser pour faire des versemens frauduleux sur le territoire de ces mêmes états ; il en a conclu que la prudence commandait l'établissement d'une vente exclusive du sel en Piémont. Cette vente sera confiée à une régie nationale; elle réglera le prix de manière à favoriser son débit , et à lutter avec avantage contre les fraudes habituelles qui s'exerçaient jadis sur une partie des frontières; le prix est néanmoins assujetti à un *maximum* de trente-cinq centimes le kilogramme.

La même régie sera tenue d'avoir toujours dans ses magasins , au moins six millions de kilogrammes de sel , pour assurer un approvisionnement de six mois.

On reconnaît facilement que cette loi est bien moins une institution fiscale qu'un établissement de police et de prévoyance ; l'on peut d'autant moins en douter , que les produits de cette régie sont affectés , par l'article 118 , au service de l'administration des ponts et chaussées, pour tenir lieu de la taxe d'entretien des routes qui, à raison de ce, n'aura point lieu dans les départemens en question.

On voit par-là que les produits de la régie du sel ne font point une contribution générale, qu'ils forment le fonds d'un octroi local, dont l'emploi profitera exclusivement au pays, en l'affranchissant d'une contribution gênante imposée au surplus de la République.

Sous ces divers rapports, la loi sur la vente exclusive du sel prépare des avantages très-signalés aux départemens de la vingt-septième division militaire.

Telle est, citoyens Législateurs, la substance de la loi du _budjet_ de l'an XII.

Vous avez vu que les crédits ouverts en faveur des exercices des années V, VI, VII et VIII suffiront pour les apurer.

Les restans à recouvrer sur les années IX et X suffiront également pour en solder les dépenses. On entrevoit, ou plutôt il est certain que les crédits ouverts pour l'an XI balanceront aussi les dépenses. Le paiement des rentes se fait ponctuellement aux échéances. Le crédit public s'améliore dans toutes ses parties. Les frais des négociations du trésor public sont immensément diminués. La caisse d'amortissement produit tous les résultats que l'on pouvait attendre de cette utile institution.

Le Gouvernement, entraîné dans une guerre injuste, a tout préparé pour la terminer avec gloire. Les dispositions sont telles qu'il pourrait la continuer pendant deux ans, sans de nouvelles ressources en finance ; mais la prudence l'oblige à choisir le moment même où il est le plus dégagé des besoins pour compléter un système de finance tel qu'il puisse convenir à la sécurité nationale, et à la meilleure administration en temps de paix et en temps de guerre. Il a pensé, et vous en serez sans doute convaincus, qu'il fallait étendre les contributions indirectes : il en propose une sur les boissons. Obligé de choisir, il a adopté les combinaisons qui lui ont paru les plus convenables. Il propose une régie pour exercer ces mêmes contributions.

Il n'est pas en notre pouvoir d'évaluer quel sera le produit de la contribution sur les boissons, et de l'addition au droit sur le tabac et sur les voitures. Ce produit doit être considéré comme nul pour l'an XII : il sera faible en l'an XIII ; cependant dès cette même année il pourra s'élever de 15 à 18 millions. Son amélioration dépendra du temps et des mesures d'administration qu'indiquera l'expérience.

Enfin la loi se complète par un grand nombre de dispositions, toutes indispensables. Elles forment ce faisceau indivisible qui, ainsi que je l'ai déjà exposé, constitue par une seule loi le *budjet* annuel des finances.

Citoyens Législateurs, le projet de cette loi est soumis à votre méditation, et sans doute il obtiendra votre approbation.

EXTRAIT du Rapport de Fabre (de l'Aude), *au Tribunat, sur les titres III, IV et VI de la loi du 8 Ventose an XII.*

TITRE III.

Contributions offertes pour les frais de la guerre.

Les conseils généraux des départemens, les conseils d'arrondissement et les conseils municipaux avaient voté pour les frais de la guerre des centimes additionnels, dont le recouvrement devait commencer en l'an XI ou en l'an XII, et se prolonger, du moins pour quelques-uns d'entre eux, en l'an XIII et en l'an XIV.

Ces diverses délibérations attestaient sans doute le patriotisme des administrateurs, et leur profonde indignation contre un ennemi violateur de tous les traités.

Mais en approuvant les motifs qui ont suggéré ces offrandes, il est de notre devoir de rappeler ici qu'aucune espèce de contribution ne peut être votée que dans les formes constitutionnelles : c'est au Gouvernement, qui a l'initiative des lois, à les proposer, au Tribunat à émettre son vœu, au Corps législatif à les consentir ou à les rejeter.

Ces formes tutélaires sont la sauve-garde de la propriété, et il ne doit point être permis, sous aucun prétexte, soit de s'en écarter, soit d'y porter atteinte.

5 *

Le Gouvernement avait d'abord résolu de faire régulariser tous ces votes, en demandant une somme proportionnelle à la force contributive de chaque département pour les années XI, XII et XIII.

Mais il s'est réduit à demander, 1°. que les sommes offertes par les conseils généraux des départemens et arrondissemens, et par les conseils municipaux, en centimes additionnels aux contributions directes des années XI, XII, XIII et XIV, soient perçues pour l'an XI et l'an XII seulement ;

2°. Que les offres particulières, faites par le commerce de Paris et par les villes de Marseille, Lyon et Bordeaux, pour la construction de vaisseaux, soient acceptées. Il en résultera une addition aux contributions directes de 21 à 22 millions, et notamment une surcharge pour les propriétaires de biens fonds, qui déjà sont beaucoup trop grevés.

La plupart des départemens n'ont point cessé de réclamer contre l'excès de la contribution foncière, mais il fallait donner une preuve de zèle et de dévouement, et dans l'impuissance d'organiser à l'instant une contribution sur les autres genres de revenus dont la taxe n'est nullement en proportion avec celle des terres, on eut recours aux centimes additionnels, comme le moyen, *non pas le meilleur*, mais le plus prompt de venir au secours du Gouvernement.

Votre section des finances, après y avoir mûrement réfléchi, a cru que, pour cette fois seulement, elle devait vous engager à voter l'acceptation des contributions volontaires que les conseils généraux de départemens, les conseils d'arrondissemens, et les quatre principales villes de la République, ont délibéré de s'imposer.

TITRE IV.

Cautionnemens des Receveurs d'arrondissemens et des Percepteurs à vie.

Quoiqu'il ne s'agisse ici que des receveurs d'arrondissemens et des percepteurs à vie, il est néanmoins utile de savoir en quoi consistent les cautionnemens des receveurs généraux, afin de pouvoir les comparer à ceux des receveurs en sous-ordre.

Une loi du 15 germinal an IV, avait assujetti les receveurs généraux à un cautionnement en immeubles qui devait être de la valeur du douzième du montant des impositions directes d'une année.

On réunissait pour sa fixation le principal aux centimes additionnels.

Une autre loi du 5 frimaire an VIII, avait soumis de plus, les receveurs généraux à un cautionnement en numéraire, fixé au vingtième de la contribution foncière en principal.

Enfin un arrêté du Gouvernement du 13 germinal an X, assujettit les caissiers du trésor public, *les receveurs généraux et particuliers*, les payeurs généraux et divisionnaires, et tous autres comptables qui n'avaient pas fourni leur cautionnement en immeubles, à le donner en inscriptions du tiers consolidé de la dette publique.

En conséquence de cet arrêté, le cautionnement en cinq pour cent consolidés, substitué à celui des immeubles, est du douzième des contributions directes en principal et centimes additionnels.

Les receveurs particuliers ou d'arrondissemens créés par la loi du 25 ventose an VIII, sont tenus de leur côté, d'après l'article IV de cette loi, de fournir un cautionnement en numéraire, égal au vingtième en principal de la contribution foncière de leur arrondissement.

Il semble qu'on aurait dû également les assujettir à donner un cautionnement en cinq pour cent consolidés, d'après l'arrêté du 13 germinal an X, qui comprend dans ses dispositions tant les receveurs généraux que les receveurs particuliers.

Mais on n'a pas cru devoir leur appliquer cet arrêté; et comme dès-lors leur cautionnement en numéraire était insuffisant pour la garantie de leur gestion, le Gouvernement a cru devoir vous proposer de l'élever au quart en sus de celui déjà fourni.

Cette augmentation leur est plus favorable que si on leur eût demandé en cinq pour cent le douzième des contributions directes en principal et centimes additionnels, conformément à l'arrêté du 13 germinal an X.

En effet, sur une recette de 240 mille francs de contribution foncière en principal, un receveur particulier n'aura à payer que.................................. 15,000 fr.

au lieu de 12,000 francs qu'il avait fournis jusqu'à ce jour ; tandis que s'il eût été traité à l'instar des receveurs généraux, il aurait payé,.

1°. Pour le vingtième de la contribution foncière, en principal........................ 12,000

2°. Le douzième de cette contribution en cinq pour cent, qui lui aurait coûté, en ne supposant le cours qu'à cinquante pour cent...... 10,000

TOTAL................ 22,000 fr

encore même n'avons-nous pas compris dans ce calcul les autres contributions directes et les centimes additionnels, pour lesquels les receveurs particuliers sont affranchis de tout cautionnement, tandis que les receveurs généraux y sont assujettis.

Ceci répond aux plaintes qui nous sont déjà parvenues de la part de quelques receveurs particuliers.

Venons maintenant au cautionnement des percepteurs à vie.

Le mode d'adjudication de la perception des contributions directes a paru généralement vicieux ; la plupart des préfets demandent que la mesure de l'établissement des percepteurs à vie, adoptée par le Gouvernement pour les villes payant 15,000 francs en principal de contributions directes et au-dessus, soit étendue à toutes les communes par la réunion de plusieurs d'entre elles.

Le Gouvernement a pensé que lorsque les localités favoriseraient la réunion de plusieurs communes dont la perception pourrait être confiée à un même percepteur, il conviendrait alors d'adopter ces réunions sur la proposition formelle des préfets, sous cette condition néanmoins que ce percepteur n'aurait pas à recouvrer au-delà de 20,000 fr. en principal.

Dans toute autre hypothèse, on continuera à avoir un percepteur par commune. Dans les pays arides et montagneux, il peut se trouver une commune tellement éloignée des autres, que le percepteur éprouvant trop de difficulté ou de perte de temps pour aller faire ses recouvremens, trouverait plus commode d'exercer des poursuites contre les contribuables, afin de les contraindre à lui porter leurs contributions loin de leur domicile : c'est principalement à ces communes que s'applique la disposition du projet portant « qu'il » y aura, *autant que possible*, un percepteur par chaque » ville, bourg ou village. »

Le cautionnement à fournir par les percepteurs des communes qui doivent tous être nommés par le premier Consul, sera du douzième du principal des quatre contributions directes.

Il est calculé de manière qu'il représente le quinzième de la somme à percevoir dans un mois, et qu'au moyen du versement que les percepteurs sont obligés de faire tous les dix jours, et de la surveillance des sous-préfets et des receveurs particuliers, il n'y ait aucun *déficit* à craindre.

Les percepteurs à vie déjà nommés seront tenus de fournir un supplément de cautionnement pour atteindre cette proportion.

La Section aurait désiré que le cautionnement des receveurs particuliers et des percepteurs eût été fixé dans une plus juste proportion.

En effet, sur une recette supposée de 60,000 francs en principal de la contribution foncière, le receveur d'arrondissement n'est obligé de fournir qu'un cautionnement de.. 3,750 fr. tandis que le percepteur, sur une pareille recette, est tenu de donner un cautionnement de.... 5,000

Cette différence est du sixième au douzième, et devient bien plus considérable, si l'on observe que le receveur d'arrondissement ne fournit de cautionnement que sur le principal de la contribution foncière; tandis que le cautionnement du percepteur est du douzième, non-seulement sur cette contribution, mais encore sur la contribution mobilière, et sur celle des portes et fenêtres et des patentes.

Il est sensible que des charges trop fortes, imposées aux percepteurs des communes, peuvent absorber leurs profits légitimes, et introduire dans leur gestion une immoralité funeste, soit aux contribuables, soit au trésor public.

Ces objections ne peuvent être affaiblies que par la con-sidération que les percepteurs présentent en général une moindre garantie que les receveurs généraux ou d'arrondis-semens, et que dès-lors le Gouvernement a pu exiger d'eux un cautionnement proportionnellement plus fort, d'ailleurs la fixation du traitement et des remises des receveurs d'ar-rondissemens est extrêmement modique, tandis que les per-cepteurs des communes reçoivent tous une rétribution con-venable.

Les fonds provenant de ces cautionnemens, et supplémens de cautionnemens, seront versés au trésor public pour le service de l'an XII, et rétablis dans la caisse d'amortissement, conformément aux lois des 7 et 27 ventose an VIII.

Ils sont portés pour 21 millions dans la recette extraor-dinaire de l'an XII.

Il est sans doute fâcheux que le montant n'en ait pas été versé directement à la caisse d'amortissement ; mais le remboursement lui en sera fait successivement, ainsi qu'il en a été usé pour les autres cautionnemens versés au trésor public.

Enfin les intérêts en seront payés à raison de six pour cent, comme ceux des cautionnemens des receveurs géné-raux.

Telles sont nos observations sur le titre IV, relatif aux receveurs d'arrondissemens et aux percepteurs des communes.

TITRE VI.

Fixation des Contributions de l'an XIII.

La contribution foncière est fixée pour l'an XIII à 206,908,000 francs en principal, et répartie entre les cent huit départemens, conformément au tableau annexé au projet, ci......................... 206,908,000 fr.

Elle était, en l'an XII, de......... 210,000,000

Le dégrèvement est donc de........ 3,092,000 fr.

Il profite à trente départemens qui ont été jugés y avoir le plus de droit.

Ces départemens sont distribués en trois classes, composées de dix chacune.

La première classe obtient un dégrèvement de sept centimes par franc, la seconde de cinq, et la dernière de trois.

Ce dégrèvement nous a paru juste pour quelques uns de ces départemens, que la notoriété publique indique comme surchargés; mais, pour les autres, il a paru à la Section que le dégrèvement n'avait pas de base précise, et n'était établi que sur des faits vagues, et qui n'étaient pas suffisamment justifiés. Il en est même une grande partie qui ont déjà successivement obtenu des réductions si considérables, qu'il est bien difficile de croire qu'il fût nécessaire de leur en accorder de nouvelles, préférablement à d'autres départemens.

Il n'est point d'opération qui exige plus d'élémens exacts et de maturité, que des dégrèvemens partiels.

Les départemens qui n'y participent point et qui se croient surchargés, semblent avoir le droit d'exiger que les bases de ce travail soient établies sur une reconnaissance exacte des forces contributives des territoires respectifs, comparées entre elles, et que ces bases obtiennent une grande publicité.

Sans doute le dégrèvement que le Gouvernement propose pour l'an XIII, n'est pas d'une haute importance ; mais la Section désire que, pour ceux qui auront lieu à l'avenir, les observations qu'elle vient de faire soient prises en grande considération.

Elle se réfère, au surplus, à celles qu'elle a faites l'année dernière, sur le moyen le plus efficace de corriger ou de rendre insensibles les vices d'une répartition inégale, et de faire en même temps prospérer l'agriculture, en lui donnant tous les encouragemens qu'elle mérite.

La contribution mobilière, somptuaire et personnelle est fixée pour l'an XIII, comme pour l'an XII, à 32,800,000 fr.

Le nombre de centimes additionnels aux deux contributions dont nous venons de parler est aussi le même, et il n'est rien changé au mode de leur répartition, malgré les observations qui ont été faites l'année dernière.

La contribution des portes et fenêtres sera, pour le principal et les centimes additionnels, la même en l'an XIII qu'elle l'est en l'an XII.

Enfin, les patentes et les contributions indirectes perçues en l'an XII, sont prorogées pour l'an XIII.

Votre Section n'a pas d'autres observations à faire sur les patentes et sur les contributions indirectes que celles contenues dans son rapport de l'année dernière; elle n'y revient point, pour ne pas se répéter.

Extrait du Rapport fait au Corps législatif par Arnould, Orateur du Tribunat, sur les titres III, IV et VI de loi du 5 ventose an XII.

La contribution foncière est fixée pour l'an XIII à 206,908,000 francs en principal, et répartie entre les cent huit départemens, conformément au tableau annexé au projet de loi. Le dégrèvement de 3 millions 92,000 francs qui en résulte, comparativement à la fixation à 210 millions l'année dernière, ne profite qu'à trente départemens qui ont été jugés les plus susceptibles d'y participer. Le Tribunat aurait désiré connaître toutes les circonstances qui ont conduit à préférer ces trente départemens à tous les autres, et à les ranger dans les trois classes de dégrèvement établies à raison de sept centimes par franc pour la première classe, de cinq centimes pour la seconde, et de trois centimes pour la dernière classe.

Quoiqu'il en soit, le Tribunat n'a pu que voir avec intérêt le principe de nouveau reconnu et consacré ici par le Gouvernement, qu'il fallait marcher constamment et graduellement vers la diminution du contingent général de la contribution foncière.

Quant aux contributions mobilière, somptuaire et personnelle, les portes et fenêtres, les patentes, comme aussi les contributions indirectes, leur contingent ou leurs tarifs, subsistent les mêmes et sont prorogées, comme on vient de le voir, pour l'an XIII comme pour l'an XII.

Les contributions offertes par les conseils généraux de départemens, les conseils d'arrondissement et municipaux, pour l'an XI et l'an XII, avaient été étendues par la plupart jusqu'en l'an XIII et en l'an XIV.

Le Gouvernement se borne à demander, 1°. que les sommes votées par les conseils généraux de départemens et d'arrondissemens, et par les conseils municipaux, en centimes additionnels aux contributions directes, ne soient perçues que pour les années XI et XII; 2°. que les offres particulières faites par le commerce de Paris, et par les villes de Marseille, Lyon et Bordeaux, pour la construction de vaisseaux, soient acceptées. C'est, à la vérité, une surcharge pour les propriétaires de biens fonds, déjà reconnus de beaucoup grevés; mais ce moyen, le *patriotisme* l'a préféré comme le plus prompt, pour contribuer aux frais d'une guerre juste contre l'Angleterre.

Le Tribunat pense qu'il serait dangereux de voir dégénérer en formes légales, le vote de l'impôt émané des autorités secondaires; mais, vu l'urgence des circonstances, le Tribunat est d'avis que le Corps législatif, suivant la proposition du Gouvernement, prononce pour l'an XI et l'an XII l'acceptation des contributions offertes pour les conseils généraux de départemens, les conseils d'arrondissemens, et les quatre principales villes de la République.

Quant aux cautionnemens des receveurs d'arrondissement, et des percepteurs des contributions directes, l'augmentation en numéraire demandée aux receveurs d'arrondissement, du *quart* en sus des cautionnemens qu'ils ont déjà fournis, a pour objet de proportionner ce cautionnement à la garantie de leur gestion; et cette fixation du *quart* en numéraire leur est moins onéreuse que s'ils eussent été astreints, comme les receveurs généraux, à fournir le douzième du montant de leur perception en cinq pour cent au cours du jour.

A l'égard des percepteurs des communes, le projet de loi contient diverses dispositions dont les unes tendent à établir ces percepteurs *à vie*, dans toutes les localités qui en seront susceptibles , sur la demande des préfets de département , et de manière que les recettes cumulées n'excèdent pas 20,000 francs. Les autres dispositions du projet déterminent le cautionnement à fournir par les percepteurs à nommer , et un supplément par ceux déjà nommés. Quoique le taux de ces derniers cautionnemens semble un peu élevé , eu égard au *maximum* de la recette confiée à ces percepteurs , cependant leur rétribution étant plus forte que celle des receveurs d'arrondissement , il n'y a point d'objection fondée contre ce genre de ressources que prépare au trésor public le projet de loi , en y ordonnant le versement du montant de ces cautionnemens comme *recettes extraordinaires* en l'an XII. Le produit sera postérieurement rétabli dans la *caisse d'amortissement*, conformément aux lois des 7 et 27 ventose an VIII.

PREMIÈRE PARTIE.

MODE DES CONTRIBUTIONS DIRECTES

DE L'AN XIII.

Les contributions directes pour l'an XIII, consistent, savoir :

1º. Contribution foncière ;
2º. Contribution personnelle, somptuaire et mobilière ;
3º. Contribution des portes et fenêtres ;
4º. Patentes.

Principal des Contributions.

Contribution foncière............. 206,908,000 fr.
Contribution personnelle, somptuaire
et mobilière....................... 32,800,000
Contribution des portes et fenêtres.. 16,000,000
Patentes........................... 17,500,000

TOTAL................ 273,208,000 fr.

Centimes additionnels.

Centimes pour les frais de la guerre. 21,534,960 fr.
Deux centimes par franc, additionnels
au principal des contributions foncière,
personnelle, somptuaire et mobilière,
pour fonds de non-valeur........... 4,794,160

26,329,120 fr.

Report.......... 26,329,120 fr.

Seize centimes par franc, additionnels au principal des mêmes contributions, pour les dépenses fixes et variables des administrations et de l'ordre
judiciaire........................ 38,353,280

Cinq centimes par franc, additionnels
au principal des mêmes contributions,
pour les dépenses des communes..... 11,985,400

Dix centimes par franc, additionnels
au principal des portes et fenêtres..... 1,600,000

Cinq centimes par franc, additionnels
au principal des patentes, pour fonds de
non-valeur........................ 875,000

TOTAL.......... 79,142,800

Principal........ 273,208,000 fr.
Centimes additionnels. 79,142,800

352,350,800

Les remises des percepteurs ne sont point comprises
dans les centimes additionnels ci-dessus; ils peuvent être
portés au taux commun de trois centimes sur les contributions foncière, personnelle, somptuaire, mobilière et des
portes et fenêtres.

Les remises des percepteurs chargés du recouvrement des
patentes, se prennent sur le produit même du droit, et ne
peuvent conséquemment être portés en augmentation des
contributions directes.

La quotité des centimes additionnels, pour dépenses variables, peut être au-dessous du *maximum* fixé par la loi;
ce n'est aussi que par évaluation que sont portées les dépenses
communales.

DEUXIÈME PARTIE.

RÉPARTITION

DES CONTRIBUTIONS DIRECTES.

CONTRIBUTION FONCIÈRE.

Loi du 5 Ventose an XII.

ART. XVIII. La contribution foncière est fixée pour l'an XIII à deux cent six millions neuf cent huit mille francs.

XIX. La répartition de cette somme est faite entre les 108 départemens conformément au tableau suivant.

É T A T de répartition de la *Contribution foncière* de l'an *XIII*, entre les cent huit départemens.

DÉPARTEMENS.	Contingent en principal.	DÉPARTEMENS.	Contingent en principal.
	fr.		fr.
Ain.	1,170,000.	Golo.	110,000.
Aisne.	3,070,000.	Hérault.	2,551,000.
Allier.	1,423,000.	Ille-et-Vilaine. .	1,910,000.
Alpes (Basses). .	660,000.	Indre.	1,045,000.
Alpes (Hautes). .	495,000.	Indre-et-Loire. . .	1,850,000.
Alpes-maritimes. .	388,000.	Isère.	2,380,000.
Ardèche.	885,000.	Jemmape	1,900,000.
Ardennes. . . .	1,690,000.	Jura.	1,320,000.
Arriège.	590,000.	Landes.	770,000.
Aube.	1,530,000.	Léman	500,000.
Aude.	1,930,000.	Liamone. . . .	60,000.
Aveyron.	2,240,000.	Loir-et-Cher . . .	1,501,000.
Bouches-du-Rhôn.	1,520,000.	Loire.	1,665,000.
Calvados	4,260,000.	Loire (Haute).	1,020,000.
Cantal	1,359,000.	Loire-inférieure. .	1,580,000.
Charente. . . .	2,030,000.	Loiret.	2,330,000.
Charente-infér. . .	2,670,000.	Lot.	2,190,000.
Cher. . . i . . .	1,060,000.	Lot-et-Garonne. .	2,650,000.
Corrèze.	1,023,000.	Lozère.	602,000.
Côte-d'Or. . . .	2,540,000.	Lys.	2,993,000.
Côte-du-Nord. . .	1,680,000.	Maine-et-Loire. .	2,880,000.
Creuse.	880,000.	Manche.	3,720,000.
Doire.	680,000.	Marengo	1,940,000.
Dordogne. . . .	2,109,000.	Marne	2,470,000.
Doubs.	1,140,000.	Marne (Haute). .	1,406,000.
Drôme	1,260,000.	Mayenne	2,180,000.
Dyle	2,350,000.	Meurthe.	1,690,000.
Escaut.	4,000,000.	Meuse.	1,580,000.
Eure.	3,670,000.	Meuse-inférieure.	912,000.
Eure-et-Loir. . .	2,860,000.	Mont-Blanc. . .	660,000.
Finistère.	1,420,000.	Mont-Tonnerre. .	2,190,000.
Forêts.	781,000.	Morbihan. . . .	1,450,000.
Gard.	1,810,000.	Moselle.	1,920,000.
Garonne (Haute)	2,970,000.	Nèthes (Deux). .	1,520,000.
Gers	1,737,000.	Nièvre.	1,321,000.
Gironde.	2,390,000.	Nord.	4,080,000.

DÉPARTEMENS.

DÉPARTEMENS.	Contingent en principal.	DÉPARTEMENS.	Contingent en principal.
	fr.		fr.
Oise.	2,892,000.	Seine.	9,535,000.
Orne	2,500,000.	Seine-inférieure. .	5,280,000.
Ourte.	1,300,000.	Seine-et-Marne. .	3,218,000.
Pas-de-Calais. . .	3,950,000.	Seine-et-Oise. . .	4,511,000.
Pô	2,590,000.	Sésia	950,000.
Puy-de-Dôme. . .	2,500,000.	Sèvres (Deux). .	1,790,000.
Pyrénées (Basses)	870,000.	Somme	3,419,000.
Pyrénées (Hautes)	570.000.	Stura	2,240,000.
Pyrénées-orient. .	700,000.	Tanaro	1,510,000.
Rhin (Bas). . . .	2,040,000.	Tarn	1,880,000.
Rhin (Haut). . .	1,800,000.	Var.	1,400,000.
Rhin-et-Moselle .	1,070,000.	Vaucluse	860,000.
Rhône	2,100,000.	Vendée.	1,710,000.
Roër	2,780,000.	Vienne	1,350,000.
Sambre-et-Meuse.	800,000.	Vienne (Haute). .	1,080,000.
Saône (Haute). .	1,460,000.	Vosges	1,170,000.
Saône-et-Loire . .	3,030,000.	Yonne.	1,900,000.
Sarre	949,000.		
Sarthe	2,760,000.	TOTAL	206,908,000.

Loi relative aux maisons de Bressuire et de Châtillon
qui ont été détruites pendant la guerre civile.

Du 23 Ventose an XII.

ARTICLE PREMIER.

Les propriétaires des communes de Bressuire et de Châtillon, département des Deux-Sèvres, dont les maisons, dans l'intérieur de ces deux villes, ont été démolies ou détruites pendant la guerre civile, et qui les ont fait ou feront rebâtir, seront exempts de toute contribution foncière sur ces maisons pendant dix ans.

II. Pour jouir de cette exemption, chaque propriétaire sera tenu de justifier, avant la fin de l'an XIII, que son bâtiment est élevé de deux mètres, au moins, au-dessus du sol.

CONTRIBUTION PERSONNELLE,

SOMPTUAIRE ET MOBILIÈRE.

Loi du 5 Ventose an XII.

Aᴿᴛ. XCIII. La contribution personnelle ; somptuaire et mobilière est fixée, pour l'an XIII, à la somme
de trente-deux millions huit cents mille francs en principal.

XCIV. La répartition de cette somme est faite entre les
108 départemens, conformément au tableau suivant.

*CONTRIBUTION personnelle, somptuaire et
mobilière, an XIII.*

DÉPARTEMENS.	Contingent en principal.	DÉPARTEMENS.	Contingent en principal.
	fr.		fr.
Ain.	133,300.	Corrèze.	107,800.
Aisne.	381,700.	Côte-d'Or.	355,500.
Allier.	154,900.	Côtes-du-Nord . .	241,600.
Alpes (Basses). .	62,200.	Creuse	93,900.
Alpes (Hautes). .	39,800.	Doire.	56,000.
Alpes-maritimes. .	49,600.	Dordogne.	250,000.
Ardèche.	97,900.	Doubs.	180,800.
Ardennes.	220,500.	Drôme	142,700.
Arriège.	100,100.	Dyle	518,600.
Aube.	244,300.	Escaut	682,200.
Aude	242,300.	Eure	383,400.
Aveyron.	227,500.	Eure-et-Loir . . .	321,200.
Bouches-du-Rhôn.	577,900.	Finistère	351,800.
Calvados	604,500.	Forêts.	93,300.
Cantal	147,300.	Gard	282,100.
Charente	247,300.	Garonne (Haute)	394,100.
Charente – infér. .	384,500.	Gers	216,300.
Cher	131,700.	Gironde.	680,100.

4 *

DÉPARTEMENS.	Contingent en principal.	DÉPARTEMENS.	Contingent en principal.
	fr.		fr.
Golo.	16,200.	Orne	306,800.
Hérault.	388,100.	Ourthe	416,200.
Ille-et-Vilaine . .	329,300.	Pas-de-Calais . .	422,000.
Indre	142,800.	Pô	278,000.
Indre-et-Loire . .	232,000.	Puy-de-Dôme . .	348,700.
Isère	265,000.	Pyrénées (Basses)	150,900.
Jemmape	383,200.	Pyrénées (Hautes)	62,700.
Jura	164,700.	Pyrénées-orient. .	61,200.
Landes	95,600.	Rhin (Bas) . . .	380,500.
Léman	79,800.	Rhin (Haut). . .	255,500.
Liamone	9,300.	Rhin-et-Moselle .	170,000.
Loir-et-Cher . . .	209,100.	Rhône	559,000.
Loire	292,900.	Roër	485,200.
Loire (Haute). .	116,600.	Sambre-et-Meuse.	165,800.
Loire-inférieure. .	455,900.	Saône (Haute). .	139,300.
Loiret.	373,100.	Saône-et-Loire . .	320,400.
Lot.	287,600.	Sarre	194,700.
Lot-et-Garonne. .	314,600.	Sarthe	297,200.
Lozère	51,700.	Seine.	4,177,400.
Lys.	546,600.	Seine-inférieure. .	1,095,400.
Maine-et-Loire. .	330,400.	Seine-et-Marne. .	443,600.
Manche.	457,400.	Seine-et-Oise. . .	616,500.
Marengo	132,000.	Sesia	61,000.
Marne	344,200.	Sèvres (Deux). .	196,100.
Marne (Haute). .	196,700.	Somme	467,000.
Mayenne	243,800.	Stura	170,000.
Meurthe	229,600.	Tanaro	103,000.
Meuse	186,600.	Tarn	210,000.
Meuse-inférieure .	210,000.	Var.	212,800.
Mont-Blanc . . .	108,500.	Vaucluse	121,400.
Mont-Tonnerre. .	311,500.	Vendée	193,000.
Morbihan.	274,100.	Vienne	123,500.
Moselle.	265,500.	Vienne (Haute).	134,100.
Nèthes (Deux). .	327,500.	Vosges	131,900.
Nièvre	176,900.	Yonne.	262,100.
Nord	719,700.		
Oise	395,500.	TOTAL.	32,800,000.

Arrêté relatif à la fixation des Contributions personnelle et somptuaire de la ville de Paris, et au remplacement de la Contribution mobilière, par une addition sur les droits d'octroi.

Du 13 Vendémiaire an XII.

LE GOUVERNEMENT DE LA RÉPUBLIQUE, sur le rapport du ministre de l'intérieur ;

Le Conseil d'état entendu ,

ARRÊTE :

ARTICLE PREMIER.

La contribution personnelle et la contribution somptuaire de la ville de Paris, montant à huit cent trente-un mille sept francs quarante centimes , tant en principal qu'en centimes additionnels , pour fonds de non-valeur, pour traitemens fixes , et dépenses variables , seront , à compter du premier vendémiaire an XII ; établies conformément au tarif ci-après :

Loyers de 3,000 francs et au-dessus............	80 fr.
Idem. de 3,000 fr. à 2,000 fr. inclusivement.	60
Idem. de 2,000 fr. à 1,000 fr. inclusivement.	40
Idem. de 1,500 fr. à 1,000 fr. inclusivement.	20
Idem. de 1,000 fr. à 500 fr. inclusivement.	10
Idem. de 500 fr. à 100 fr. inclusivement.	5
Et au-dessous de 100 fr.....................	*Rien.*

Les frais de perception seront imposés en dehors sur le pied réglé par l'arrêté du 7 ventose an X.

II. Dans le cas où le résultat de toutes les cotes établies d'après ce tarif, présenterait une somme plus forte que celle ci-dessus de huit cent trente-un mille sept francs quarante centimes, la différence en plus sera versée, par le trésor public, dans les mains du receveur de la ville de Paris, en accroissement de ses revenus.

III. Nul individu ayant domicile à Paris, quoique payant la contribution personnelle et somptuaire dans un autre département, ne sera exempt de l'imposition établie par les articles précédens, dans la proportion de son loyer, que dans le cas où il serait logé en hôtel garni.

IV. La somme de trois millions huit cent quarante-trois mille cinq cent onze francs quatre-vingt-six centimes montant du contingent de la ville de Paris dans la contribution mobilière du département de la Seine, en principal et centimes additionnels, et dont le remplacement doit, aux termes de l'arrêté du Gouvernement du 4e. jour complémentaire, être fait par addition à l'octroi, sera versée, par le receveur de la ville de Paris, par douzième, sur tous les deniers de sa recette, et par préférence à tous autres services, le 1er. de chaque mois pour le mois précédent, dans la caisse du receveur général du département.

V. Les ministres de l'intérieur, des finances et du trésor public, sont chargés, chacun en ce qui le concerne, de l'exécution du présent arrêté, qui sera inséré au Bulletin des lois.

L o i qui approuve le mode arrêté pour le remplacement des Contributions personnelle , somptuaire et mobilière de la ville de Paris.

Du 5 Ventose an XII. (Bulletin , n°. 347.)

Le contingent de la ville de Paris , dans les contributions personnelle , somptuaire et mobilière , montant à quatre millions six cent soixante-quatorze mille cinq cent dix-neuf francs vingt-six centimes , sera définitivement payé au trésor public , par le produit de la perception et remplacement déterminés par les arrêtés du Gouvernement , pris en exécution de la loi du 26 germinal an XI, les 4e. jour complémentaire an XI et 13 vendémiaire an XII.

E x p o s é des Motifs de la loi relative aux Contributions mobilière , personnelle et somptuaire de la ville de Paris.

CITOYENS LÉGISLATEURS,

La ville de Paris a consommé la conversion de la plus grande portion de sa contribution mobilière , personnelle et somptuaire , en une addition à son octroi ; le Gouvernement a pris les arrêtés nécessaires , et le vœu de la loi du 26 germinal an XI se trouve accompli.

Le Gouvernement vous propose d'homologuer ces mesures , en adoptant le projet de loi que j'ai l'honneur de vous présenter.

R APPORT fait par le C. Delaistre, au nom de la Section des finances , sur le projet de loi concernant le remplacement définitif de la Contribution mobilière , personnelle et somptuaire de Paris.

Je viens, au nom de la Section des finances, vous soumettre le résultat de l'examen qu'elle a fait du projet relatif au remplacement définitif de la contribution personnelle , mobilière et somptuaire de la ville de Paris.

Vous vous rappelez les grands motifs d'intérêt public et les considérations particulières de la ville de Paris , qui vous ont déterminés à donner votre approbation à la loi du 26 germinal dernier.

Ces motifs ont été exposés l'année dernière avec une grande étendue ; ils viennent de vous être reproduits dans la discussion qui a eu lieu pour la conversion et le remplacement de la même contribution dans la ville de Marseille. Le succès des mesures prises par le Gouvernement, pour l'exécution de la loi du 26 germinal , vous en dira plus que je ne pourrais le faire ; et vous remarquerez avec satisfaction, citoyens Tribuns, que malgré les circonstances pénibles d'une guerre imprévue et désastreuse, qui a dévoré tant de capitaux, diminué tant de dépenses , appauvri la circulation, et privé la ville de Paris d'un grand nombre d'étrangers et de riches consommateurs, ces mesures ont produit jusqu'à ce jour tout l'effet qu'on devait en attendre, sans secousses , sans murmures, et sans aucun de ces sourds mécontentemens qui environnent ordinairement à leur principe la perception des impositions nouvelles : effet toujours sûr des calculs sages d'une administration prévoyante qui utilise ses moyens de recouvrement, en leur donnant tout l'aliment qu'ils peuvent comporter sans gêner les communications, sans grever les contribuables, et sans nuire au commerce et à l'industrie.

Deux arrêtés des quatrième jour complémentaire an XI et 13 vendémiaire an XII, ont établi le nouveau système qui a été substitué à celui que la loi du 26 germinal a détruit.

La contribution personnelle et somptuaire dont la répartition entre les citoyens, le *mode* et les frais de recouvrement, les non - valeurs , vous ont justement effrayés l'année dernière, a été converti en une taxe par classe de loyers, en proportion décroissante depuis le loyer supérieur à trois mille, jusqu'à celui de cent francs inclusivement. Il a été fait six classes :

La première, au-dessus de trois mille jusqu'à cette somme inclusivement, a été taxé à. . . . . 80 fr.

La deuxième, depuis trois mille jusqu'à deux mille, à. 60

La troisième, depuis deux mille jusqu'à quinze cents, à. 40

La quatrième, de quinze cents à mille, à. . . . 20

La cinquième, de mille à cinq cents, à. 10

La sixième, de cinq cents à cent, à. 5

Les loyers au-dessous de cent francs ont été exemptés de toute taxe.

Le produit de cette taxe est destiné à acquitter, pour l'an XII, le montant de la somme de *huit cent trente-un mille sept francs quarante centimes*, assigné à la ville de Paris, pour contingent de sa contribution personnelle et somptuaire, tant en principal que centimes additionnels, pour fonds de non-valeurs, traitemens fixes et dépenses variables. Les frais de perception ont été imposés en dehors, conformément à l'arrêté du 7 ventose an X.

La contribution mobilière a été remplacée par des additions au tarif de l'octroi municipal, devant produire la somme de trois millions huit cent quarante-trois mille cinq cent onze francs quatre-vingt-six centimes, montant du contingent de la ville de Paris, dans la contribution mobilière du département de la Seine, également pour l'an XII, en principal et centimes additionnels.

La loi du 26 germinal avait appelé à concourir au mode de remplacement le conseil général de la ville de Paris ; c'est aussi sur l'avis de ce conseil que le tarif de l'octroi a reçu les augmentations qui devaient produire la somme à remplacer.

Le travail relatif à ces additions, ne pouvait être confié à un corps plus respectable et plus pénétré des intérêts de cette grande cité, et lui seul pouvait réunir tous les élémens et toutes les bases des changemens à proposer, comme il trouvait dans ses lumières, dans son expérience et dans la connaissance parfaite de la localité, tous les moyens de bien déterminer la fixation du tarif additionnel.

La Section n'a donc eu à examiner ce tarif que sous

les rapports de sa conformité à l'esprit et à la lettre des lois constitutives des octrois municipaux.

Elle a reconnu qu'il était parfaitement dans les limites de ces lois, puisqu'il ne frappe que sur les denrées déjà imposées par les octrois ; elle a dû applaudir à l'intention paternelle avec laquelle on a ménagé les denrées dont la consommation habituelle et journalière est le partage des citoyens peu fortunés, et approuver les dispositions qui, en atteignant celles qui sont à l'usage des classes aisées, ont su concilier l'intérêt du Trésor public et celui des contribuables, en même temps qu'elles refusaient un aliment trop attrayant à la fraude.

L'ensemble du tarif et ses produits présumés ont paru également devoir atteindre le but de la loi. Ils ont été calculés de manière à assurer les rentrées du Trésor public. Si quelques objets ont été nominativement imposés à un taux plus élevé que dans les anciens tarifs, c'est que ces objets ont augmenté de valeur, et la proportion ne nous a pas paru être forcée. Ces objets sont d'ailleurs en petit nombre, tandis que les denrées les plus productives et dont les prix n'ont pas haussé d'une manière très-sensible, ont été taxés à un taux moindre que par le passé. La conséquence de cette combinaison doit être un recouvrement au moins égal à la somme qui doit être acquittée au Trésor public.

L'article IV de l'arrêté du 13 vendémiaire dernier, en ordonnant au receveur de la ville de Paris de verser la somme de trois millions huit cent quarante-trois mille cinq cent onze francs quatre-vingt-six centimes, par douzième chaque mois, dans la caisse du receveur général du département, a pourvu à l'acquittement de cette contribution et a conservé le droit de la ville de Paris, sur le surplus de la recette qui doit provenir du tarif additionnel de l'octroi, et qui reste affecté aux dépenses municipales.

On ne s'est pas dissimulé que le mode adopté pour le remplacement des contributions personnelle et somptuaire, offrait encore une partie des inconvéniens de l'ancien. On retrouve dans celui-ci la difficulté des évaluations, la nécessité des déclarations et vérifications fréquentes, le grand nombre des réclamations et la lenteur des jugemens, mais en regrettant que l'on n'ait pas adopté dès cette année un meilleur mode, en faisant des vœux pour qu'on l'améliore, on ne peut nier qu'il ne présente des modifications avantageuses dans la réunion en une seule de deux impositions de nature et d'assiète jusqu'ici très-différentes dans la fixité proportionnelle de la taxe et sa classification décroissante, et dans l'exemption des loyers au - dessous de cent francs.

L'idée d'une contribution fixe, généralement connue, se liera naturellement aux transactions relatives aux loyers, et l'impôt calculé par le propriétaire et par le locataire, entrera nécessairement dans les conditions des baux; les fausses déclarations seront prévenues par la modicité du droit, sur-tout dans les classes moyennes; et il est à présumer que la direction des contributions, dont le mode nouveau diminue visiblement le travail, et simplifie les opérations, redoublera de zèle et de vigilance pour en reconnaître et en assurer les véritables bases.

Mais ce qui a dû assurer au nouveau mode adopté, l'adhésion de votre Section des finances, et qui contribuera sans doute à déterminer votre vœu en faveur du projet de loi, c'est l'exemption de la taxe en faveur des loyers au-dessous de cent francs. Cette disposition bienfaisante qui soustrait à l'impôt cent mille familles malheureuses, contre lesquelles la rigueur des lois s'armait chaque année d'une verge de fer, et dont elle poursuivait la misère par des mesures aussi douloureuses qu'inutiles, vaut elle seule au projet de loi tous les vœux de l'humanité, tous les suffrages des amis du Gouvernement.

Il eût été impossible de calculer la taxe des loyers dans une proportion tellement exacte, qu'elle eût donné juste la somme de 831,007 francs 40 centimes, assigné à la ville de Paris, pour contingent de son ancienne contribution personnelle et somptuaire. Il a été de la prudence d'assurer au moins ce produit par une évaluation plus que suffisante et le Gouvernement a manifesté son respect pour la loi, et pour un genre de contribution qui ne lui est point attribué par la Nation, en ordonnant, par l'article II de son arrêté du 15 vendémiaire, que l'excédant de ladite somme de 831,007 francs 40 centimes, serait versé par le trésor public dans les mains du receveur de la ville de Paris, en accroissement de ses revenus.

Une disposition de l'arrêté du 15 vendémiaire dernier, a fixé plus particulièrement l'attention de la Section; c'est celle qui porte qu'aucun individu ayant domicile à Paris, quoique payant dans un autre département la contribution mobilière ; qu'il améliore les revenus de la ville de Paris , en soulageant les habitans du poids d'un impôt qui leur était onéreux.

La Section des finances , en vous exposant tous les avantages qui naissent du mode d'exécution de la loi du 26 germinal , arrêté provisoirement par le Gouvernement , vous propose de voter l'adoption du projet de loi qui tend à rendre ce mode définitif, en le faisant revêtir de la sanction législative.

L o i sur le remplacement des Contributions mobilière et somptuaire de la ville de Marseille par un droit sur les consommations.

Du 17 Pluviose an XII.

ART. Ier. Le Gouvernement pourra autoriser le remplacement en tout ou en partie du montant du rôle des contributions mobilière et somptuaire de la ville de Marseille , par le produit d'une perception sur les consommations.

II. Le mode de perception adopté pour le remplacement sera provisoirement exécuté et présenté en forme de projet de loi au Corps législatif dans le cours de la prochaine session.

E x p o s é des Motifs de la loi relative au remplacement des Contributions mobilière et somptuaire de la ville de Marseille par un droit sur les consommations.

Citoyens Législateurs,

La loi du 26 germinal an XI , qui a autorisé le Gouvernement à remplacer en tout ou en partie le montant de la contribution mobilière et somptuaire de la ville de Paris , par une perception qui a été répartie sur les consommations, doit être mise au nombre de celles dont les heureux résultats n'ont pas tardé d'attester la sagesse. Le compte qui sera rendu au Corps législatif, de la satisfaction avec laquelle ses dispositions ont été accueillies, et des avantages dont les contribuables d'une part, et le trésor public de l'autre, ont eu à se féliciter également, pourra démontrer avec plus de détails l'utilité de cette mesure.

Mais ce qui la fait sentir d'une manière non moins évidente, est l'empressement que témoigne déjà une des plus importantes communes de la République, d'être admise à en partager le bienfait. La ville de Marseille demande aussi qu'à sa contribution mobilière, dont sa population rend la juste répartition et l'exacte perception également difficiles, soit substituée une perception additionnelle sur les consommations, qui, remplissant également les besoins du trésor public, acquittera d'une manière bien moins sensible et peut-être plus justement proportionnelle pour les contribuables de cette grande cité, la portion pour laquelle ils doivent entrer dans cette branche des contributions communes.

Il est à croire que cette demande ne sera pas la seule qui d'ici à peu d'années, sera présentée au Gouvernement, et par lui au Corps législatif. Plus elles se multiplieront et plus le Gouvernement aura à s'applaudir d'avoir pressenti le vœu des peuples sur les moyens les plus convenables de pourvoir de la manière la moins grevante à l'acquittement des charges annuelles que les citoyens ont à supporter pour le maintien de l'édifice social.

D'après ces motifs, nous pensons que le Corps législatif donnera son assentiment à une mesure dont l'expérience a déjà assuré les avantages.

RAPPORT fait par le C. COSTAZ, au nom de la Section des finances, sur le projet de loi relatif à une perception sur les consommations dans la commune de Marseille.

Je suis chargé par la Section des finances, de soumettre à votre délibération un projet de loi tendant à *autoriser le remplacement en tout ou en partie , du montant des rôles de contributions mobilière et somptuaire de la ville de Marseille , par le produit d'une perception sur les consommations.*

Dès la session de l'an X , votre Section des finances vous fit remarquer qu'il y avait un arriéré considérable sur les contributions mobilière et somptuaire des grandes villes , et dans la session dernière elle témoigna positivement son désir de voir remplacer en partie ces contributions par une perception sur les consommations.

La manière d'asseoir les contributions somptuaire et mobilière , actuellement établie , est sujette à beaucoup de difficultés et d'inconvéniens ; elle repose sur le principe que la dépense qu'un homme fait pour son habitation est l'indice de l'état de sa fortune : sans doute la richesse d'un homme influe sur la manière dont il est logé ; mais il est faux que la valeur de son habitation soit toujours proportionnelle à son revenu. Quand on observe ce qui se passe dans les grandes villes , on reconnait que des particuliers d'une fortune égale font cependant , pour leur habitation , des dépenses fort différentes. Il est des circonstances qui portent à restreindre la partie de la dépense consacrée à l'habitation pour faire face à d'autres dépenses plus nécessaires ; il en est dans lesquelles on prend sur toutes les parties de la dépense pour être en état d'avoir un logement plus considérable ; et ces circonstances très - nombreuses , ne dépendent pas toujours de la volonté : elles sont presqu'exclusivement la conséquence forcée , soit de la profession , soit du rang des particuliers , et souvent même du nombre des individus qui composent la famille dont ils sont les chefs. La dépense du loyer est donc un indice bien vague de la fortune des contribuables , et ne peut fournir à l'imposition qu'une base très-incertaine. Au contraire , une perception sur les consommations saisissant la dépense des individus sous toutes ses formes , les fait contribuer d'une manière à-peu-près proportionnelle. Cette forme de perception présente un autre avantage , c'est de se faire sur des élémens plus certains , et en quelque sorte moins mobiles que ceux qui servent de base aux contributions mobilière et somptuaire : cette proposition , qui semble d'abord un paradoxe , n'a besoin que d'être développée pour paraître naturelle. En effet , dans les grandes villes une partie considérable de la population change de logement plusieurs fois dans l'année , et c'est précisément cette partie qui occupe la plus grande place dans les rôles ; d'où il suit d'abord que chaque année il faut refaire , presque en entier , non - seulement les rôles , mais encore un travail sur le loyer de la majeure partie des habitans : ce qui entraîne chaque année un détail immense et produit des embarras qui multiplient les frais de perception et les non-valeurs.

Il n'en est pas ainsi de la perception sur les consommations ; comme toutes les denrées consommables destinées à une ville viennent successivement se montrer aux portes de cette ville pour y entrer, il suffit que les percepteurs soint placés là pour reconnaître les denrées à leur passage et pour percevoir, d'après des tarifs connus, les contributions auxquelles elles sont assujetties. Lorsque la Section des finances se décida à vous déclarer qu'elle croyait utile de remplacer les contributions mobilière et somptuaire des grandes villes , par une perception de ce genre , elle avait particulièrement considéré la facilité d'exécution qu'offre pour une telle opération l'établissement déjà fait des octrois municipaux. Nous regardons comme un principe fondamental de l'administration des finances , que lorsqu'un instrument de perception est établi , et qu'il répond à l'attente qu'on en a conçue, il faut tout arranger pour que cet instrument produise son *maximum* d'effet , afin que les frais de perception , répartis sur une plus grande masse , soient proportionnellement moindres : or il est évident que cette amélioration aura lieu dans les grandes villes si l'on transforme les contributions mobilière et somptuaire en une imposition perçue sur les consommations , par les employés même des octrois , qui peuvent très-bien faire cette perception sans aucune addition de dépense , seulement en employant plus complettement leur temps. Un autre avantage de ce mode est de faire disparaître un inconvénient très-grave qui accompagne la perception des contributions mobilière et somptuaire d'après les formes établies. Les rôles de ces contributions , pour donner des sommes assez modiques , contiennent un très - grand nombre de cotes d'une petite valeur. Mais chacune de ces petites cotes exige autant de démarches que si elle était grande, et ces démarches ont pour objet des contribuables de la classe la moins aisée, qui ont souvent peine à pourvoir à leur subsistance et à celle de leur famille : il en résulte des poursuites presque toujours infructueuses , et des frais qui aggravent le fardeau du contribuable , sans ajouter aux moyens du trésor public. C'est certainement un grand vice dans une contribution que de mettre le Gouvernement aux prises avec les individus les moins aisés : son effet serait à la longue d'aigrir les esprits et d'aliéner du Gouvernement des cœurs dont l'amour est sa plus douce récompense et fait sa plus grande force.

Ces principes ont déjà été appliqués à la ville de Paris ; une loi rendue dans la session dernière , chargea le conseil général de cette commune de proposer un mode de remplacement des contributions mobilière et somptuaire. La même loi autorisa le Gouvernement à faire provisoirement exécuter le mode qui serait adopté, à la charge de le soumettre au Corps législatif à sa prochaine session. Une perception sur les consommations a paru le mode de remplacement le plus convenable, et l'essai en a été fait avec un égal avantage pour le trésor et pour les contribuables ; on ne doit donc plus balancer à accueillir les demandes qui pourraient être faites par les grandes villes pour remplacer de la même manière leurs contributions mobilière et somptuaire.

Le projet actuellement soumis à votre délibération accorde cette faculté à la ville de Marseille ; il autorise une exécution provisoire et par forme d'essai , sous la réserve de la sanction définitive du Corps législatif, qui devra lui être demandée dans la prochaine session.

La Section des finances n'a vu dans le projet que la conséquence de principes dès long-temps admis par le Tribunat , et qui ont été confirmés par une expérience récente ; en conséquence , elle vous propose de voter l'adoption du projet.

CONTRIBUTION

CONTRIBUTION

DES PORTES ET FENÊTRES.

Loi du 5 Ventose an XII.

Art. XCIX. La contribution des portes et fenêtres est fixée pour l'an XIII en principal, à la somme de seize millions.

C. La répartition de cette somme de seize millions est faite entre les départemens, conformément au tableau suivant.

ÉTAT de répartition de la Contribution sur les portes et fenêtres entre les départemens.

DÉPARTEMENS.	Contingent en principal.	DÉPARTEMENS.	Contingent en principal.
	fr.		fr.
Ain.	82,000.	Charente-inférieu.	163,900.
Aisne.	220,200.	Cher	68,000.
Allier.	61,300.	Corrèze.	55,500.
Alpes. (Basses). .	41,000.	Côte-d'Or.	163,000.
Alpes (Hautes). .	25,400.	Côtes du-Nord.. .	85,600.
Alpes-maritimes. .	34,800.	Creuse	37,800.
Ardèche.	59,500.	Doire.	25,000.
Ardennes	110,200.	Dordogne.	95,400.
Arriége	51,000.	Doubs	128,600.
Aube.	114,600.	Drome	66,200.
Aude	93,800.	Dyle	282,500.
Aveyron	105,000.	Escaut	377,600.
Bouches-du-Rhon.	420,900.	Eure	268,000.
Calvados	234,000.	Eure-et-Loire. . .	135,100.
Cantal	40,600.	Finistère	126,800.
Charente	110,600.	Forêts.	102,200.

DÉPARTEMENS.	Contingent en principal.	DÉPARTEMENS.	Contingent en principal.
	fr.		fr.
Gard	144,100.	Nord	420,400.
Garonne (Haute).	213,600.	Oise.	234,300.
Gers.	98,100.	Orne	123,200.
Gironde.	419,400.	Ourthe	190,100.
Golo	4,000.	Pas-de-Calais. . .	277,800.
Hérault.	153,600.	Pô	138,000.
Ille-et-Vilaine . .	123,400.	Puy-de-Dôme. . .	77,300.
Indre	50,400.	Pyrénées (Basses)	140,500.
Indre-et-Loire . .	118,800.	Pyrénées (Hautes)	48,600.
Isère	140,300.	Pyrénées-orient. .	36,800.
Jemmape.	226,800.	Rhin (Bas) . . .	305,400.
Jura.	110,800.	Rhin (Haut). . .	187,200.
Landes	65,500.	Rhin-et-Moselle .	84,800.
Léman	77,200.	Rhône	301,900.
Liamone	2,000.	Roër	302,800.
Loir-et-Cher . . .	85,200.	Sambre-et-Meuse.	69,300.
Loire	81,900.	Saône (Haute). .	122,100.
Loire (Haute) . .	57,400.	Saône-et-Loire . .	118,300.
Loire-inférieure. .	141,700.	Sarre	115,400.
Loiret.	197,900.	Sarthe.	109,200.
Lot	106,300.	Seine	1,279,900.
Lot-et-Garonne. .	99,400.	Seine-inférieure. .	538,300.
Lozère	30,100.	Seine-et-Marne. .	162,100.
Lys.	230,800.	Seine-et-Oise. . .	345,500.
Maine-et-Loire. .	129,100.	Sesia	30,000.
Manche.	155,700.	Sèvres (Deux). .	68,900.
Marengo	66,000.	Somme	302,400.
Marne	228,600.	Stura	85,000.
Marne (Haute) .	106,300.	Tanaro	50,000.
Mayenne	61,200.	Tarn	99,500.
Meurthe	153,400.	Var.	137,200.
Meuse	118,700.	Vaucluse	78,900.
Meuse-inférieure .	107,600.	Vendée	49,100.
Mont-Blanc . . .	64,600.	Vienne	96,300.
Mont-Tonnerre. .	230,400.	Vienne (Haute) .	63,200.
Morbihan.	88,800.	Vosges	122,300.
Moselle.	181,500.	Yonne.	134,900.
Nèthes (Deux) . .	220,000.		
Nièvre.	60,200.	TOTAL.	16,000,000.

CONTRIBUTION

DES PATENTES.

Loi du 5 Ventose an XII.

Art. CII. Les patentes et les contributions indirectes perçues en l'an XII, sont prorogées pour l'an XIII.

Les patentes sont toujours un impôt de quotité; leur résultat est le produit des rôles.

On n'a point cru devoir insérer ici les instructions ministérielles pour ce qui concerne,

1°. Le mode du répartement du contingent assigné à chaque département entre les arrondissemens et les communes,

2°. L'envoi des mandemens aux sous-préfets et aux maires;

3°. L'expédition des matrices et l'époque de leur entière confection;

4°. L'expédition des rôles, leur publication et leur mise en recouvrement;

5°. La rédaction des états du montant des rôles et des bordereaux de recouvrement au ministre.

Ces instructions sont les mêmes qui ont paru pour les années précédentes et qui se trouvent dans les précédens manuels.

Il a été seulement ordonné par la circulaire du 21 ventose an IX que pour que la recette des centimes spéciaux destinés aux frais du cadastre ne fût point arriérée, d'une année sur la depense, on imposerait dans les rôles fonciers de l'an XIII, la quotité de centimes nécessaire pour les travaux à exécuter pendant l'an XII et l'an XIII. Les frais du cadastre de l'an XIV seront imposés dans les rôles fonciers de l'an XIV, et ainsi de suite.

5 *

TROISIÈME PARTIE.

PERCEPTION.

TITRE IV.

Cautionnement des receveurs.

§. PREMIER.

Receveurs d'arrondissemens.

VII. Le cautionnement des receveurs d'arrondissement, autres que celui du chef-lieu, sera, à compter de l'an XIII, du quart en sus de celui déjà fourni : ce supplément devra être versé au trésor public, avant le premier vendémiaire prochain.

VIII. Le produit de ce supplément de cautionnement est mis à la disposition du Gouvernement pour le service de l'an XII, et sera rétabli dans la caisse d'amortissement, conformément aux lois des 7 et 27 ventose an VIII.

§. II.

Receveurs des villes, bourgs et villages.

IX. À compter de l'an XIII, les receveurs des villes, bourgs et villages payant moins de 15,000 fr.

de contributions, seront nommés à vie par le premier Consul.

X. Il y aura, autant que posssible, un receveur par chaque ville, bourg ou village.

XI. Les préfets pourront néanmoins proposer un seul receveur pour plusieurs communes, lorsque les localités l'exigeront, sans que le montant des rôles des communes réunies puisse excéder 20,000 francs.

XII. Ces receveurs seront tenus de fournir, avant le premier vendémiaire prochain, un cautionnement en numéraire du douzième du principal des quatre contributions directes réunies.

XIII. Le cautionnement des receveurs déjà nommés dans les bourgs, villes et villages payant 15,000 francs en contributions et au-dessus, sera reporté à la proportion réglée par l'article précédent : ce supplément devra être versé au trésor public avant le premier vendémiaire prochain.

XIV. Les fonds provenant de ces cautionnemens et supplémens de cautionnement seront versés au trésor public pour le service de l'an XII, et rétablis dans la la caisse d'amortissement, conformément aux lois des 7 et 27 ventose an VIII.

XV. Le traitement des nouveaux receveurs ne pourra être au-dessus de cinq centimes par franc du montant des contributions qu'ils seront chargés de percevoir.

Il résulte des dispositions de cette loi, que rien n'est changé aux cautionnemens des receveurs généraux.

Ils ont toujours deux cautionnemens à fournir; l'un en numéraire, pour la sureté des obligations qu'ils ont souscrites envers le trésor public, l'auutre en immeubles, pour garantie de leur comptabilité.

Le cautionnement en numéraire est conformément à la loi du   du vingtième de la contribution foncière en principal, que supporte le département.

Le cautionnement en immeubles est du douzième des contributions directes du département, tant en principal qu'en centimes additionnels.

Les receveurs particuliers d'arrondissement n'étaient, d'après la loi du   assujettis qu'à un cautionnement en numéraire, du vingtième du principal de la contribution foncière seulement; la loi du 5 ventose les oblige à fournir un suplément qui reporte la totalité de leur cautionnement au quart de cette contribution.

Les percepteurs des villes et communes se trouvent aussi recevoir une entière et complette organisation.

Il avait été établi, à compter de l'an XII, des percepteurs à vie, et à la nomination du Gouvernement dans les villes dont le montant des rôles s'élève à 15,000 fr., ces percepteurs étaient tenus de fournir un cautionnement en numéraire du vingtième de la contribution foncière en principal.

De pareils receveurs avaient été antérieurement établis à Paris, et dans les principales villes, à compter de l'an XI.

Cette mesure avait fait disparaître, dans les diverses communes, où elle avait été adoptée, l'inconvénient et les abus qui résultaient de l'adjudication de la collecte.

La loi du 5 ventose l'a généralisée, en ordonnant qu'il y aurait un percepteur à vie, nommé par le Gouvernement, pour chaque commune, ou pour plusieurs communes réunies.

Le premier degré de la perception se trouve ainsi assuré par un mode uniforme.

Un cautionnement en numéraire est substitué au cautionnement en immeubles, dont les vices sont reconnus. Il est porté, tant pour les percepteurs nommés, que pour ceux à nommer pour l'an XIII, au douzième du principal des quatre contributions réunies.

Les lois qu'il importe aux percepteurs de connaître sont,

La loi du 2 octobre 1791, la loi du 3 frimaire an 7 l'arrêté du Gouvernement du 16 termidor an 8.

Mais ces lois et arrêté renferment une foule de dispositions qui ont été abrogées, ou qui ne sont pas en vigueur, les Manuels des contribuables, qui ont paru jusqu'à pré-

sent les contiennent toutes , les percepteurs peuvent les con-
su'ter.

On a cru néanmoins , dans un ordre de choses nouveau ,
et lorsque les percepteurs se trouvent , avec une plus grande
responsabilité , appelés à remplir des fonctions plus étendues,
devoir déférer à leur vœu , en rassemblant pour leur instruction , tout ce que les lois et les réglemens sur cette
matière ont prescrit de plus important et de plus indispensable à connaître.

NOMINATION DES PERCEPTEURS.

Il y avait , avant l'an XIII , trois sortes de percepteurs.

1°. Ceux nommés par adjudication ;
2°. Ceux nommés d'office , par le conseil municipal ;
3°. Ceux à la nomination du Gouvernement.

A partir de l'an XIII , il n'y a que des percepteurs à vie ,
nommés par le Gouvernement, et dont la commission leur
est transmise par le préfet , à qui elle est adressée , par le
ministres des finance. Il y a un percepteur pour chaque commune , ou pour plusieurs réunies.

(*Loi du 5 ventose an XII.*)

CAUTIONNEMENT.

Les percepteurs étaient tenus de fournir un cautionnement en immeubles, du tiers au moins du montant de leurs
rôles. On a reconnu que ce cautionnement était souvent il-
lusoire , et donnait lieu à des poursuites judiciaires , dont les
frais considérables diminuaient d'autant le gage des communes.

Un cautionnement en numéraire a été substitué au cautionnement en immeubles.

Ce cautionnement, fixé d'abord au vingtième de la contribution foncière en principal , est , à partir de l'an XIII ,
du quart des quatre contributions réunies en principal.

Ainsi , le percepteur d'une commune , ou de plusieurs
communes réunies , dont les contributions foncière , p r-

sonnelle, somptuaire et mobilière, celles des portes et
fenêtres, et des patentes, montent en principal à 16,000 fr.
doit un cautionnement de 4,000 fr. en numéraire.

(*Loi du 5 ventose an XII.*

Les maires et adjoints n'en doivent pas moins surveiller
la gestion des percepteurs ; ils doivent même frapper d'inscription leurs biens, aussi-tôt qu'un déficit aura été reconnu, afin de se préserver, ainsi que les communes elles-
mêmes, des effets de la responsabilité que leur impose l'article 11 de l'arrêté du Gouvernement, du 16 thermidor
an VIII.

(*Circ. du ministre, du 6 prairial an XI.*)

Le cautionnement en numéraire, doit être versé à la
caisse d'amortissement, qui en délivre aux percepteurs un
récépissé, et ce cautionnement doit être effectué, avant qu'ils
entrent en fonctions.

(*Circ. du ministre, du 6 prairial an XI.*)

Plusieurs receveurs, destitués ou démissionnaires, après
avoir versé leur cautionnement, croient bien agir, en trans-
férant à leurs successeurs les récépissés définitifs que la caisse
d'amortissement leur a délivrés.

Ce mode de remboursement est vicieux. Les percepteurs
ne peuvent disposer de leur cautionnement, qu'après avoir
justifié qu'ils sont quittes envers le receveur particulier de
leur arrondissement.

Ainsi, toutes les fois qu'il y aura lieu à un semblable
remboursement, la demande du percepteur devra être ap-
puyée d'un certificat du receveur général, constatant que tous
les fonds perçus ont été versés, et que la gestion de ce percepteur est entièrement régulière.

Ce certificat est adressé par le préfet, avec ses observations, au ministre des finances, qui donne les ordres pour
le remboursement à effectuer au percepteur, soit par la
caisse d'amortissement, soit par son successeur, ainsi qu'il
le desire.

(*Circulaire du ministre des finances, du 20 nivose
an XII.*)

RÉSIDENCE DES PERCEPTEURS.

Plusieurs percepteurs ont sous-traité pour leur recette, et se sont réservé une portion des centimes alloués pour les frais de perception, dans l'intention de se faire un revenu à plusieurs lieues d'éloignement de la commune dont la recette leur était confiée.

Les percepteurs sont tenus, sous peine de destitution, de résider dans la commune dont la perception leur est confiée ; et s'ils ont la perception de plusieurs communes réunies, ils ont la liberté de choisir une de ces communes pour le lieu de leur résidence.

(*Circulaire du ministre, du 7 thermidor an XI.*)

REMISE DES ROLES AUX PERCEPTEURS.

Le percepteur ne peut rien exiger des contribuables qu'il ne soit porteur d'un rôle rendu exécutoire et publié.

(*Arrêté du Gouvernement, du 16 thermidor an VIII.*)

Au 15 fructidor de chaque année, les rôles de la contribution foncière, de la contribution personnelle, somptuaire et mobilière, et des portes et fenêtres, doivent être entièrement confectionnés par le directeur des contributions, et signés par le préfet.

Le directeur les envoie de suite à chaque contrôleur, qui les transmet aux maires des communes de son arrondissement, de manière qu'ils leur parviennent avant le 1er. vendémiaire.

Le maire, aussi-tôt après la réception des rôles, les fait publier, et les remet au percepteur, qui lui en donne la reconnaissance.

(*Arrêté du 16 thermidor an VIII.*)

Les rôles des patentes doivent être remis aux percepteurs, pour le 30 frimaire au plus tard. Les formalités pour leur envoi aux maires, pour leur publication et leur mise en recouvrement, sont les mêmes que pour les autres contributions.

(*Circulaire du Ministre.*)

RECOUVREMENT.

Les contributions directes sont payables, à raison d'un douzième par mois.

(Arrêté du 16 thermidor an VIII.)

L'établissement des percepteurs à vie ne change rien au principe d'après lequel les contributions directes sont qué-rables : principe qu'il est d'autant plus nécessaire de main-tenir qu'autrement, par le résultat des agrégations de plusieurs communes, les contribuables se trouveraient, pour acquitter leurs contributions, forcés à des déplace-mens dont la loi ne leur impose pas l'obligation.

(Circ. du ministre des finances, du 30 ventose an XII.)

Il s'est élevé la question de savoir si les percepteurs de-vaient verser dans la caisse des receveurs particuliers, le douzième du montant de leurs rôles à la fin de chaque mois, ou seulement dans la proportion des sommes soumission-nées par le receveur.

La loi ni les instructions ne se sont point expliquées sur cet objet, et il est dès-lors hors de doute que les percep-teurs doivent verser, tous les mois, le douzième du montant de leurs rôles ; d'autant plus que les contribuables paient leurs cotes par douzième de mois en mois, et que l'arrêté aux du Gouvernement du 27 ventose an VIII n'impose point aux receveurs généraux l'obligation d'exiger des soumissions de la part des receveurs particuliers, mais ne leur en donne que la faculté, et semble par-là livrer à leur sagesse l'adop-tion, ou le rejet de cette mesure.

POURSUITES.

Les poursuites, pour le recouvrement des contributions, peuvent varier suivant les localités.

Dans quelques départemens, l'arrêté du Gouvernement, du 16 thermidor an VIII, n'a point souffert de difficultés dans son exécution ; le système des porteurs de contraintes a pu facilement s'organiser.

Dans d'autres, les mesures que cet arrêté prescrit ont été reconnues insuffisantes ou incompatibles avec la célérité que

le recouvrement exige. On y a préféré le mode des garnisaires à domicile, autorisé par la loi du 17 brumaire
an V.

Il serait difficile d'adopter, pour leur règlement des poursuites, un mode uniforme et général; c'est à chaque préfet,
d'après les usages reçus dans son département, à déterminer
le genre de poursuites qu'il croira le plus juste, et le plus
propre à concilier le bien du service, avec l'intérêt des ad-
ministrés.

(*Lettre du ministre au préfet de la Vendée, du 17
germinal an IX.*)

Les poursuites ordinaires, pour le rcouvrement, consistent, savoir :

1°. Les avertissemens ;
2°. La sommation, ou le dernier avis ;
3°. La contrainte et l'apposition du garnisaire ;
4°. Le comandement ;
5°. La saisie exécution des meubles ;
6°. La vente ;
7°. La saisie-arrêt entre les mains des locataires ou des
fermiers.

AVERTISSEMENS.

L'avertissement est un simple avis donné par le percepteur au contribuable, du montant de sa cote, et des époques
auxquelles il doit s'en liberer. L'avertissement est notifié
aux frais du percepteur, et sans recours contre le contribuable.

(*Règlement du préfet de la Seine approuvé par le
ministre.*)

SOMMATION OU DERNIER AVIS.

Le contribuable qui, après avoir été averti, n'a pas acquitté les termes échus de ses contributions, reçoit du percepteur, une sommation ou un dernier avis, portant que

si , dans trois jours, il ne s'acquitte pas, il sera contraint
et poursuivi par voie de garnisaires.
(Règlement du préfet de la Seine.)

CONTRAINTES.

Le percepteur , outre un porteur de contraintes, doit
s'assurer d'un certain nombre de garnisaires.

Le porteur de contraintes est à son choix, mais il est
commissionné par le sous préfet; il fait seul les fonctions
d'huissier pour les contributions directes.

Le percepteur choisit pareillement les garnisaires dont il
a besoin et il les prend ordinairement parmi les anciens
militaires et les soldats qui se trouvent en garnison dans
la ville.

Si le contribuable ne satisfait point à la sommation qui
lui est faite de payer , il peut être poursuivi par voie de
garnisaires.

Pour exercer cette poursuite , le percepteur fait un état
de dix contribuables, au moins, et de vingt au plus, en
retard de se libérer , il remet cet état au porteur de contraintes , qui se transporte au domicile de ces contribuables,
accompagné de deux ou trois garnisaires , et leur déclare
qu'à défaut de paiement , il établit ces garnisaires chez
eux.

Cette contrainte ne peut point durer plus de dix jours,
pendant lesquels le garnisaire , par des actes de présence
effective aux domiciles des contribuables chez lesquels il a
été établi , les sollicite de se libérer.

Il est dû au garnisaire un franc par jour, outre le logement et la subsistance.

Si le contribuable se libère le jour même où il reçoit la
garnison , le percepteur ordonne au garnisaire de se retirer ,
et le contribuable paie les frais d'une journée de garnisaire.

S'il laisse passer dix jours sans se libérer , le percepteur
est en droit de lui envoyer un commandement.
(Règlement du préfet de la Seine.)

COMMANDEMENT.

Le commandement est fait par l'huissier porteur de contraintes, à la requête du percepteur, et porte injonction de payer dans le délai de trois jours, à peine de saisie et vente.

(Règlement du préfet de la Seine.)

SAISIE-EXÉCUTION.

A défaut de paiement dans le délai de trois jours, le contribuable peut être saisi dans ses meubles ; la saisie se fait par l'huissier porteur de contraintes, assisté de deux témoins ; la forme de procéder est la même que dans les saisies judiciaires.

(Règlement du préfet de la Seine.)

Les objets insaisissables sont :

Les lits et les vêtemens nécessaires au contribuable et à sa famille.

Les outils et métiers.

Les chevaux, mulets, bœufs et autres bêtes de trait servant au labour.

Les charrues, charrettes et ustensiles servant à labourer les terres et les harnais des bêtes de labourage.

Il est laissé au redevable une vache à lait ; à défaut de vache, une chèvre, ainsi que la quantité de graines nécessaire à l'ensemencement ordinaire des terres qu'il exploite.

Les abeilles, les vers à soie, les feuilles de mûrier ne sont saisissables que dans les temps déterminés par les lois sur les biens et usages ruraux.

(Arrêté du 16 thermidor an VIII.)

VENTE.

Dix jours après la clôture du procès-verbal de saisie, il est procédé à la vente, en vertu d'une autorisation spéciale du préfet, accordée sur la demande expresse du percepteur.

L'annonce de la vente doit être affichée aux lieux accoutumés et signifiée avant le jour de l'ouverture, tant à la partie saisie qu'au gardien, par l'huissier porteur de contraintes.

La vente est discontinuée lorsque ses produits suffisent pour solder le montant des contributions dues, et les frais des poursuites.

(*Réglement du Préfet de la Seine.*)

FRAIS DES POURSUITES.

Les frais de commandement consistent dans la signification de cet acte, par l'huissier porteur de contraintes.

Les frais de saisie consistent dans l'exploit de saisie fait par l'huissier porteur de contraintes, et le salaire des deux témoins.

Les frais de vente consistent dans la signification de l'annonce de vente, faite par l'huissier porteur de contraintes, tant au contribuable qu'au gardien, dans le procès-verbal d'affiches, et les droits de vacations dus à l'huissier porteur de contraintes.

La taxation de ces frais varient suivant les lieux : ils sont déterminés par le Préfet.

Indépendamment de ces frais, il est dû le droit de timbre, celui d'enregistrement, et les autres déboursés légitimement faits.

Le premier avertissement, la sommation, ou le dernier avis, la contrainte portant établissement de garnisaires, sont faits sur papier libre, par simple voie d'administration. Mais si le contribuable ne se met pas en régle après ces premiers actes, alors commencent les poursuites judiciaires et le commandement, l'exploit de saisie, et tous les actes qui précèdent, accompagnent ou suivent les ventes, sont assujettis au timbre et à l'enregistrement.

(*Loi du 27 pluviose an VI.*)

SAISIE-ARRÈT.

Le propriétaire est porté en nom sur le rôle, lorsqu'il ne réside point dans la commune de la situation du fonds imposé, il y est représenté, pour le paiement de la cote, par son fermier ou locataire, et le percepteur décerne les contraintes contre ce dernier.

Si le propriétaire habite la même commune que son fermier ou locataire, il doit d'abord être contraint dans les formes ordinaires, et à défaut de paiement le percepteur procède par saisie-arrêt, entre les mains du fermier ou locataire.

(*Règlement du Préfet de la Seine.*)

Les fermiers ou locataires, ne peuvent être saisis pour les termes échus ou à échoir, des fermages ou des loyers, que jusqu'à concurrence du montant des contributions dues par le propriétaire.

Les fermiers ou locataires saisis, ne peuvent être contraints au paiement des sommes arrêtées en leurs mains, qu'aux époques déterminées pour le paiement de leurs loyers et de leurs fermages.

Le fermier ou le locataire, en retard de payer la somme saisie en ses mains, est poursuivi par voie de commandement, saisie et ventes de meubles, comme le propriétaire lui-même.

(*Règlement du Préfet de la Seine.*)

———————

PEINES ATTACHÉES AUX PERCEPTEURS

NÉGLIGENS ET INFIDÈLES

Tout percepteur convaincu d'avoir détourné à son profit, les deniers publics, est puni de quinze ans de fers.

(*Loi du* 16 *octobre* 1791.)

Tout percepteur qui n'a point émargé sur son rôle, les paiemens faits, peut être dénoncé par le maire ou par le contribuable ; il est puni d'une amende de 10 francs au moins, et de 25 francs au plus.

(*Loi du* 3 *frimaire an VII.*)

Tout percepteur qui se refuse à la vérification de sa caisse, de ses rôles, et de ses bordereaux, peut être poursuivi comme rétentionnaire de deniers publics.

Tout percepteur convaincu par lui ou par ses préposés
de concussion, est puni de la peine de six années de fers,
sans préjudice de la restitution des sommes illégalement
perçues.

(*Loi du 6 octobre* 1791.)

Tout percepteur qui se trouve en déficit sur les deniers
de sa caisse doit être poursuivi, à la diligence du receveur particulier, par saisie et vente de son mobilier,
par l'expropriation forcée de ses immeubles, et même
par la contrainte par corps comme rétentionnaire de deniers publics.

(*Arrêté du 16 thermidor an VIII.*)

Tout percepteur convaincu du crime de faux dans l'exercice de ses fonctions, est puni de vingt années de fers.

(*Loi du 6 octobre* 1791.)

Tout percepteur chargé de deniers publics, ne peut obtenir
décharge d'aucun vol, s'il n'est justifié qu'il est l'effet d'une
force majeure, et qu'outre les précautions ordinaires, il a
eu celle de coucher, ou de faire coucher un homme sûr
dans le lieu où il tient ses fonds, et de plus, si c'est un retz-
de-chaussée, de le tenir solidairement grillé.

(*Arrêté du 8 floréal an X.*)

DÉCHÉANCE DE RECOURS.

Les percepteurs qui n'auront fait aucune poursuite contre
un contribuable, pendant trois années consécutives, à
compter du jour où le rôle leur aura été remis, perdent
leur recours, et sont déchus de tous droits, et de toutes
actions contre lui.

Ils perdent aussi leur recours, et sont pareillement déchus
de tous droits et de toutes actions, pour sommes restantes dues et non payées par les contribuables, après
trois ans de cessation de poursuites contre eux.

(*Loi du 3 frimaire an VII.*)

QUITTANCES.

QUITTANCES.

Les percepteurs doivent donner quittance aux contribuables des sommes qu'ils en reçoivent ; cette quittance doit être sur papier non timbré.

(*Loi du 3 frimaire an VII.*)

Ils ne peuvent rien exiger pour cette quittance.

(*Arrêté du 16 thermidor an VIII.*)

ÉMARGEMENS

DES ARTICLES SOLDÉS.

Les percepteurs sont tenus d'émarger sur les rôles, les paiemens, à mesure qu'il leur en est fait.

(*Loi du 3 frimaire an VII.*)

RECETTES ET DÉPENSES

LOCALES DES COMMUNES.

Les percepteurs font les recettes municipales; ils retiennent, à cet effet, sur chaque cote, par eux recouvrée, les centimes additionnels destinés à pourvoir aux dépenses municipales.

Ces dépenses sont acquittées par lui sur les mandemens du maire, jusqu'à concurrence de l'état dûment arrêté, et dans la proportion des rentrées successives des centimes additionnels destinés à y pourvoir, et des autres revenus de la commune.

(*Loi du 11 frimaire an VII*, art. 50, 51 et 52.)

Les percepteurs retiennent ainsi les centimes revenant aux communes pour les dépenses; plus les taxations qui leur sont allouées et qui sont comprises dans les rôles. Ils versent le surplus de leurs recettes dans la caisse du receveur particulier de leur arrondissement.

COMPTES DES RECETTES,

ET DÉPENSES MUNICIPALES.

Le maire et le percepteur de chaque commune rendent respectivement , au conseil municipal , dans la session du 15 pluviose de chaque année le compte des recettes et dépenses municipales , faites pendant l'année précédente.
(*Loi du* 11 *frimaire an VII.*)

Le sous-préfet arrête ces comptes , dans le cours de vendémiaire suivant.
(*Loi du* 28 *pluviose an VIII.*)

Les pièces à l'appui du compte restent déposées dans les archives. En cas de difficulté , il en est référé au Préfet, qui prononce.

Tout percepteur qui ne rend pas son compte des recettes et dépenses municipales dans les délais fixés , est dénoncé par le Préfet, au commissaire-impérial près le tribunal civil , et condamné à payer entre les mains du receveur général , par forme de consignation , le cinquième du montant présumé de ses recettes , telles que les états en auront été arrêtés.
(*Loi du* 11 *frimaire an VII.*)

REMISES DES PERCEPTEURS.

Les remises des percepteurs sont déterminées par leur commission ; le *maximum* est de cinq centimes.

Ces remises, pour la contribution foncière, la contribution personnelle , somptuaire et mobilière, et pour la contribution des portes et fenêtres , sont imposées dans les rôles , et se perçoivent sur le principal , les centimes additionnels, et les réimpositions.

Les taxations sur les patentes , sont retenues par le percepteur sur le produit de la recette effective.

PRIVILÉGE DES PERCEPTEURS

SUR LES BIENS DES CONTRIBUABLES.

Le percepteur ne peut, pour contributions directes, requérir la vente des immeubles d'un contribuable.

(*Lettre du Ministre, au Préfet de la Vienne, du 24 germinal an IX.*

Le percepteur a privilége sur les immeubles, en cas de vente, sans qu'il soit besoin d'inscription au bureau des hypothèques, pour une année échue et celle courante de la contribution foncière.

(*Art. 11, de la loi du 11 brumaire an VII.*)

Quant aux autres contributions, la loi ne s'est pas expliquée, et le percepteur ne peut dès-lors les exiger par privilége sur les immeubles vendus; il ne vient, en ce cas, que comme les créanciers ordinaires.

Le percepteur a droit d'être payé jusqu'à concurrence des contributions à lui dues sur la vente des meubles d'un contribuable, après les frais de justice et de vente, les frais funéraires, les médecins, chirurgiens et apothicaires, pour la dernière maladie, les propriétaires des maisons et des fermes, sur les meubles et fruits, pour une année de loyer.

Tous huissiers - priseurs, receveurs des contributions, commissaires aux saisies réelles, notaires, séquestres, et tous autres dépositaires de deniers, ne doivent remettre aux héritiers, créanciers, et autres personnes ayant droit de toucher les sommes séquestrées et déposées, qu'en justifiant du paiement des contributions dues par les personnes du chef desquelles lesdites sommes sont provenues. Les séquestres et dépositaires sont même autorisés à payer directement les contributions qui se trouveraient dues, avant de procéder à la délivrance des deniers, et les quittances desdites contributions leur seront passées en compte.

(*Loi du 18 août 1791.*)

6 *

JUSTICIABILITÉ.

Les tribunaux ne peuvent s'immiscer dans la connaissance des actes d'administration, de quelque nature qu'ils soient ; ainsi, le percepteur ne doit, en ce qui concerne ses fonctions, connaître que l'autorité administrative, et requérir son renvoi devant elle, dans le cas où il serait traduit ailleurs.

(*Loi du* 16 *fructidor an III.*)

TRADUCTION DES PERCEPTEURS,

EN MATIÈRE DE DÉLITS.

Les préfets sont autorisés à traduire devant les tribunaux, sans recourir à la décision du conseil d'état, les percepteurs des contributions directes, pour délits relatifs à leurs fonctions.

(*Arrêté du gouvernement, du* 2 *floréal an X.*)

QUATRIÈME PARTIE.

JUGEMENS DES RÉCLAMATIONS.

L'arrêté du Gouvernement du 24 floréal an VIII, a fixé les règles à suivre pour l'instruction et le jugement des réclamations. Mais il arrive que les dispositions de cet arrêté ne sont point toujours exactement observées. Des irrégularités nombreuses et de toute espèce arrêtent la marche de l'instruction, multiplient la correspondance, occasionnent des rejets ou des renvois préjudiciables aux parties.

Il nous a été communiqué un arrêté pris dans le département de la Lozère, qui nous a paru propre à faire cesser ces inconvéniens, et qui rappelle, tant aux contribuables qu'aux maires et aux répartiteurs, celles des dispositions de l'arrêté du 24 floréal an VIII, et des instructions ministérielles qui les concernent.

PREMIÈRE PARTIE.

Demandes en Décharges et Réductions.

CHAPITRE PREMIER.

Nature des réclamations.

ARTICLE PREMIER.

Il y a trois espèces de réclamations en matière de contributions :

Pour erreur matérielle ;

Pour double emploi ,

Pour rappel à l'égalité proportionnelle.

2. Il y a erreur matérielle, en matière de contribution foncière,

Lorsqu'un contribuable est imposé dans une commune pour un bien situé dans une autre ;

Lorsqu'une propriété a été cotisée sous un autre nom que celui du véritable propriétaire ;

Lorsque le revenu net du contribuable a été porté dans le rôle à une somme plus considérable que dans la matrice ;

Lorsque la mutation du revenu a été mal appliquée ;

Lorsque la proportion déterminée par le tarif n'a pas été observée dans la fixation de la cote du réclamant.

3. Il y a double emploi,

Lorsque, pour le même article de propriété, le propriétaire est porté dans deux articles du même rôle ;

Lorsque, pour le même article de propriété, il est porté dans le rôle de deux communes différentes.

4. Le rappel à l'égalité proportionnelle a lieu, lorsqu'un contribuable se croit taxé dans une proportion plus forte qu'un ou plusieurs autres propriétaires de la commune où sont situés les biens pour lesquels il réclame.

5. Il y a erreur materielle, sur la contribution personnelle, somptuaire et mobilière,

Lorsqu'un contribuable est imposé dans une commune où il n'a point de domicile ;

Lorsque la taxe mobilière du contribuable a été calculée dans le rôle d'après un loyer plus considérable que celui porté dans la matrice ;

Lorsque la mutation sur le loyer a été mal appliquée ;

Lorsque la taxe mobilière n'a pas été établie d'après la proportion déterminée par le tarif ;

Lorsque la taxe somptuaire a été portée à l'article du contribuable qu'elle ne concernait point, ou établie sous des objets somptuaires qui n'existent pas.

6. Il y a double emploi,

Lorsque le même individu est porté deux fois à la taxe personnelle et mobilière dans le même rôle ;

Lorsqu'il est porté dans les rôles de deux communes différentes ;

Lorsque le même individu est cotisé deux fois sous des qualités différentes : par exemple, comme propriétaire et comme fermier : nul ne devant, dans tous les cas, qu'une seule taxe personnelle et mobilière.

7. Le rappel à l'égalité proportionnelle a lieu, lorsque le contribuable croit l'évaluation de son loyer trop forte comparativement à celle du loyer des autres contribuables.

8. Il y a lieu à réclamation, sur la contribution des portes et fenêtres,

Si un contribuable a été porté dans le rôle ou dans la matrice de rôle à un nombre de portes et fenêtres excédant le nombre de celles existantes et taxables d'après la loi ;

S'il a été cotisé deux fois pour le même objet ;

Si la taxe a été portée sous le nom de celui qui n'est pas propriétaire ;

Si la taxe des portes et fenêtres n'a pas été établie d'après la proportion déterminée par le tarif ;

Si la maison taxée au rôle a été inhabitée totalement et pendant toute l'année ; dans ce cas, le réclamant doit se pourvoir dans le dernier trimestre de l'année pour demander la décharge de la taxe.

9. Il y a lieu à réclamation sur les patentes,

Si le contribuable a été cotisé deux fois dans le même rôle;

S'il n'exerce pas la profession à raison de laquelle il a été taxé;

S'il y a erreur dans la désignation de sa profession;

Si le loyer a été porté à un taux trop élevé;

Si la fixation déterminée par la loi et par le tarif n'a pas été exactement observée.

CHAPITRE II.

Obligations des Contribuables.

10. Toutes pétitions doivent être présentées avant l'expiration du délai de trois mois, après la publication des rôles.

11. Les pétitions présentées après le délai ne sont point admises par les sous-préfets, ni renvoyées au contrôleur.

12. Toutes pétitions doivent être adressées au sous-préfet de l'arrondissement : celles adressées au maire et au directeur des contributions, ou à toute autre autorité que les sous-préfets, sont inadmissibles.

13. Les pétitions ne doivent comprendre qu'un seul objet de réclamation.

Celles dans lesquelles on réunirait plusieurs chefs de demandes, ne peuvent être admises.

Le contribuable qui veut réclamer, et sur un double emploi, et pour cause de surtaxe de son revenu ou de son loyer, ou sur diverses contributions, ou sur différentes cotes, doit présenter autant de pétitions qu'il y a d'articles de demande.

14. Les pétitions doivent être sur papier timbré, à demi marge, avec la date en tête, signées par les pétitionnaires, et portant au haut de la marge blanche l'indication sommaire de l'objet de la pétition.

15. Les pétitionnaires doivent toujours indiquer dans leurs pétitions le nom de leur commune, et ne pas se borner à désigner le village ou hameau.

16. S'ils ne savent pas signer, il doit en être fait une mention spéciale à la fin de la pétition.

17. Les pétitions doivent être individuelles; plusieurs

contribuables ne peuvent se réunir dans la même pétition, quoique l'objet de la demande soit le même.

18. Il n'y a d'exception à la disposition précédente, que
lorsque plusieurs contribuables se trouvent collectivement
inscrits dans le même article du rôle, en ce cas, la pétition peut être présentée au nom de tous.

19. Les réclamans sont tenus de joindre à leurs pétions,
Un extrait de l'article du rôle à raison duquel ils ré-
clament ;
La quittance des termes échus de leurs contributions.

20. L'extrait du rôle doit être délivré et signé par le
percepteur, légalisé ou visé par le maire ou par l'adjoint,
et à défaut, par le contrôleur de l'arrondissement.

21. Cet extrait doit être une copie littérale et entière de
l'article du rôle, sans rien ajouter ni retrancher.
Ainsi, le percepteur ne doit point y comprendre les taxations, ni les frais de contrainte, ni les autres contributions
du même contribuable, ni y joindre aucune observation ni
attestation particulière.

22. Les extraits de rôle doivent énoncer le nom de la com
mune, la nature de la contribution et l'exercice ou l'année.

23. Les sommes exprimées, comme dans le rôle, en francs
et centimes, en toutes lettres ; et non simplement en
chiffres.

24. Les extraits peuvent être sur papier libre.

25. La quittance des termes échus doit être délivrée et
signée par le percepteur, légalisée ou visée par le maire ou
par l'adjoint, et à défaut, par le contrôleur de l'arrondissement.

26. Dans tous les cas d'erreur matérielle, le réclamant
doit, outre l'extrait de l'article du rôle, produire les extraits de l'article ou des articles, tant de la matrice de rôle
que des états de section, nécessaires pour justifier l'erreur
matérielle.

27. Les extraits de matrices de rôle et d'états de section
doivent être délivrés ou au bureau de la direction, ou par
le maire, et visés par le contrôleur de l'arrondissement.

28. Dans le cas de double emploi, le réclamant doit produire les extraits des articles, tant de la matrice de rôle

que des états de section nécessaires pour justifier de l'identité des articles et du double emploi.

29. Dans le cas de rappel à l'égalité proportionnelle, le réclamant doit produire ,

1°. L'extrait de l'article de rôle le concernant ;

2°. L'extrait des articles de la matrice de rôle et des états de section à raison desquels il réclame ;

3°. Semblable extrait pour les cotes prises en comparaison ;

4°. Une déclaration détaillée et signée du revenu net auquel il entend porter les propriétés pour lesquelles il réclame ;

5° Une déclaration détaillée et signée du revenu net auquel il entend porter les propriétés prises en comparaison, pour qu'il y ait égalité entre celle-ci et les siennes.

30. La déclaration doit indiquer pour chaque article sa contenance et l'évaluation du revenu net.

31. Dans le cas de réclamation sur les patentes, l'extrait du rôle ne doit comprendre que les sommes portées au rôle , sans y ajouter le prix de la feuille timbrée, pour la patente, ni aucun frais.

32. Les extraits et pièces ci-dessus indiquées , doivent être séparés : on ne doit point en cumuler deux dans la même feuille.

33. Les secrétaires des mairies et les percepteurs ne pourront exiger que dix centimes pour chaque extrait de rôle et de matrice de rôle.

CHAPITRE III.

Mode d'instruction.

34. Le sous-préfet renvoie les pétitions au contrôleur de l'arrondissement.

35. Si les réclamations portent sur une erreur matérielle de l'espèce désignée dans les articles 1 , 2 et 7 de l'arrêté du Gouvernement , du 24 floréal an VIII , le contrôleur vérifie le fait et donne son avis, sans prendre celui des répartiteurs , à moins qu'il ne le juge utile.

36. Pour toutes autres réclamations, le contrôleur renvoie au maire pour prendre l'avis des répartiteurs.

37. Si les répartiteurs n'adhèrent poit à la demande du réclamant, il y a lieu à expertise.

38. Dans le cas de double emploi dans la même commune, si le double emploi résulte de la vérification faite par le contrôleur, des états de section ou des mutations, il peut donner son avis, sans prendre celui des répartiteurs, à moins qu'il ne le juge utile.

39. Au cas du double emploi dans deux communes différentes, les répartiteurs des deux communes doivent être entendus, et donner les uns et les autres leur avis par écrit.

40. Si les répartiteurs de l'une des deux commune déclarent que l'article doit être rayé de la matrice de rôle de leur commune, le contrôleur peut donner son avis sans vérification ultérieure.

41. Si les répartiteurs des deux communes déclarent respectivement que l'article doit demeurer porté dans leurs matrices de rôle, il y a lieu à vérification particulière par des commissaires nommés par le préfet, ou par le sous-préfet.

42. Si un même individu est porté à la taxe personnelle et mobilière dans deux communes différentes, et si les répartiteurs des deux communes persistent à le maintenir respectivement dans leurs matrices de rôle, le contrôleur donne son avis d'après la vérification du fait du domicile du réclamant.

43. Si le réclamant a deux habitations, le contrôleur doit conclure à maintenir sa cote au lieu de sa principale habitation ; et, sera considérée comme habitation principale, celle dont le loyer sera le plus fort.

44. Dans le cas de réclamation pour rappel à l'égalité proportionnelle, si l'avis des répartiteurs tend à ne point admettre la réclamation, il y a lieu à expertise.

45. Si l'avis des répartiteurs est d'accorder une réduction quelconque du revenu, cet avis est communiqué au réclamant, et celui-ci doit, dans les dix jours de la communication, déclarer par écrit s'il adhère ou non à la réduction.

46. Si le réclamant n'adhère point à la réduction, il y a lieu à expertise.

47. Dans le cas de réclamation sur la contribution mobilière , lorsque l'avis des répartiteurs est de ne point admettre la réclamation pour surtaxe du lo.er , il y a lieu à une vérification particulière , p ir des commissaires, nommés par le sous-préfet de l'arrondissement , qui procèdent avec le contrôleur , en présence de deux répartiteurs et du réclamant ou de son fondé de pouvoir.

48. Lorsqu'il y a lieu à expertise, le contrôleur informe le sous-préfet et le réclamant, pour qu'ils nomment chacun de leur côté un expert.

49. Le réclamant qui a nommé un expert, doit en donner avis au sous-préfet , pour que celui-ci fasse sa nomination.

50. Dans aucun cas , les experts ne doivent procéder hors la présence du contrôleur.

51. Le procès-verbal d'expertise ne doit point être dressé par les répartiteurs , mais par le contrôleur qui reçoit et rédige leur dire.

52. Les experts doivent signer leurs dires.

53. Deux répartiteurs et le réclamant, ou son fondé de pouvoir doivent être appelés à l'expertise.

54. Si les uns et les autres ne sont pas présens, il est procédé à l'expertise nonobstant leur absence , dont il sera fait mention spéciale dans le procès-verbal.

55. Dans le cas de réclamation pour rappel à l'égalité proportionnelle , les contribuables pris en comparaison doivent être entendus ou prévenus de se trouver à l'expertise , si bon leur semble. Au cas d'absence , il doit en être fait mention spéciale dans le procès-verbal.

56. Ne peuvent être nommés experts, les parens et alliés des réclamans ou des contribuables dont les cotes ont été prises en comparaison , au degré et dans les cas indiqués dans les articles 103 , 104 et 105 de la loi du 2 messidor an VII.

57. Ne peuvent être nommés experts, les propriétaires intéressés dans les causes indiquées dans les articles 106 et 107 de la même loi.

58. Les avis des répartiteurs, procès-verbaux des contrôleurs et autres actes de l'instruction peuvent être sur papier libre.

59. Les extraits donnés, les quittances, avis et tous actes de l'instruction doivent être écrits le plus lisiblement et correctement qu'il sera possible, sans interligne ni surcharge.

60. Les procès-verbaux des experts, rentrant dans la classe des actes qui doivent faire titre ou être produits pour décharge, justification, demande ou défense, doivent être sur papier timbré.

CHAPITRE IV.

Obligations des Maires.

61. Aussi-tôt que le maire a reçu du contrôleur une pétition en réclamation, il doit la communiquer ainsi que toutes les pièces aux répartiteurs.

62. Les maires et adjoints délibèrent avec les répartiteurs.

63. Le maire, ou son adjoint, convoque et préside les répartiteurs.

64. Dans le cas de réclamation pour les patentes, le maire, ou son adjoint, donne seul son avis.

65. Aussi-tôt après que les répartiteurs ont délibéré, le maire doit renvoyer au contrôleur la réclamation et toutes les pièces jointes, avec l'avis des répartiteurs.

CHAPITRE V.

Obligations des Répartiteurs.

66. Les répartiteurs sont au nombre de sept dans chaque commune, y compris le maire et l'adjoint.

67. Ils délibèrent en commun, à la majorité des voix.

68. Ils ne peuvent prendre aucune détermination, s'ils ne sont au nombre de cinq au moins.

69. Ils ne peuvent donner leur avis que sur les réclamations relatives à l'exercice, pour lequel ils ont été nommés.

70. Ils ne doivent délibérer que d'après le renvoi qui leur a été fait des pièces par le contrôleur.

71. Ils sont tenus de délibérer dans les dix jours de la communication des pièces.

72. L'avis des répartiteurs doit être séparé pour chaque pétition.

73. Il ne suffit point que les répartiteurs déclarent seulement que la demande est fondée : un avis vague ne peut être admis.

74. L'avis des répartiteurs doit être positif et précis, il doit énoncer le montant de la réduction qu'ils estiment devoir être accordée.

75. Si les répartiteurs estiment que la réduction demandée par le réclamant ne doit être accordée qu'en partie, ils expliquent les motifs de leur avis.

76. L'avis des répartiteurs doit être signé par tous les répartiteurs délibérans.

SECONDE PARTIE.

Demandes en remises et modérations.

77. Si un contribuable, justement taxé dans le principe, perd en totalité ses revenus ou les facultés objets de la taxe, il a droit à une *remise.*

78. S'il ne perd qu'une partie de ses revenus ou facultés, il n'a droit qu'à une *modération.*

79. Les pétitions doivent être adressées au sous préfet de l'arrondissement.

80. La même marche doit être suivie pour les demandes en décharge ou réduction.

81. La vérification des pertes éprouvées par le réclamant se fait par le contrôleur en présence du Maire.

82. Si c'est une commune qui réclame, la vérification est faite en présence du maire par le contrôleur, conjoin-

tement avec deux commissaires nommés par le sous-préfet.

83. Les commissaires ne doivent point vérifier ni séparément, ni en l'absence du contrôleur, les pertes et dommages : ils doivent opérer conjointement ; et c'est au contrôleur à dresser le procès-verbal.

84. Si le maire, dûment averti, n'est point présent, il est procédé aux opérations, nonobstant son absence.

85. Le maire doit signer le procès-verbal avec le contrôleur et les commissaires.

86. Le contrôleur doit exposer dans le procès-verbal le détail des revenus ou facultés des réclamans, la nature de l'événement éprouvé par ceux-ci, et la quotité de la perte.

DIRECTION DES CONTRIBUTIONS.

La direction, outre les opérations relatives à la confection des rôles, à l'instruction des réclamations et à tout ce qui précède, accompagne et suit l'assiette et la répartition des contributions directes, a une part active à tous les travaux concernant l'arpentage et l'expertise des communes ordonnés par les arrêtés du Gouvernement des 12 brumaire an XI, et 27 vendémiaire an XII.

Le premier de ces arrêtés a prescrit une opération partielle, le second, une opération générale.

L'opération partielle a eu pour objet de faire arpenter et expertiser mille neuf cent quinze communes disséminées dans toutes les justices de paix, et d'employer les résultats que l'on en obtiendrait, pour perfectionner la répartition de la contribution foncière entre les départemens.

Il est possible que toutes les communes désignées dans un département, pour être arpentées et expertisées en l'an XI, ne l'aient pas été. Le ministre a prévu le cas, et a témoigné qu'il suffirait alors de l'arpentage et de l'expertise d'une commune par chaque arrondissement de sous-préfecture.

Lorsque le travail de la comparaison des communes expertisées et de celles qui ne l'ont pas été, aura été fait, dans
la forme prescrite par la circulaire du ministre, du 8 thermidor an XII, alors, soit que l'on ait compris dans ce
travail, toutes les communes désignées pour l'an XI, soit
qu'on ne l'ait fait que sur une partie de ces communes,
l'opération partielle sera censée terminée, et le géomètre
en chef devra abandonner les autres communes désignées,
et suivre l'opération générale sur un seul point dans chaque
arrondissement.

Le directeur, de son côté, n'aura plus à envoyer au com-
missaire du Gouvernement, qu'un seul état de situation des
travaux du cadastre dans les premiers jours de chaque mois.

L'opération a pour but d'obtenir, en huit ou neuf ans,
l'arpentement et l'expertise de toutes les communes de la
France ; il ne s'agit que de chosir, tous les ans, dans chaque
arrondissement de sous-préfecture, un certain nombre de
communes contigues entr'elles, de manière qu'on finisse par
avoir arpenté tout l'arrondissement, sans que la contiguité
ait été interrompue.

Cette opération doit servir à perfectionner la répartition
intérieure entre les arrondissemens et les communes, et à
faire porter également sur toutes les parties d'un département, la charge qui lui est assignée.

Le troisième Supplément du Manuel des contribuables,
qui a paru pour l'an XII, contient les principales instructions et circulaires dont les géomètres, les experts et tous
les agens chargés de concourir à l'exécution du cadastre
peuvent avoir essentiellement besoin.

On s'est cru, dès-lors, dispensé d'insérer dans ce quatrième Supplément, celles qui ont paru depuis la publication
du troisième, soit parce qu'elles sont déjà entre les mains
de tout le monde, soit parce qu'il en a été formé sous l'autorisation du ministre des finances, et sous la surveillance
du chef des bureaux du commissariat pour la répartition de
la contribution foncière, une collection complette, qui ne
laise rien à desirer aux géomètres, aux experts-estimateurs
et aux employés de la direction.

Il n'a rien paru en l'an XII, qui pût intéresser la direction des contributions, sous le rapport de son organisation,
si ce n'est la circulaire qui suit, relative à des dispositions
d'ordre

d'ordre pour le paiement des appointemens, et la formation d'un état destiné à faire connaître, chaque trimestre,
la situation de l'emploi des fonds de mois, applicables à
cette nature de dépense.

LETTRE *du Ministre des Finances aux Directeurs des Contributions.*

Du 24 Fructidor an XII.

Vous avez été averti, monsieur, par une note du chef
de division de la comptabilité de mon ministère, qui vous
fut adressée en germinal an XI, que vous ne deviez considérer que comme des à-comptes sur le montant des traitemens de l'année entière, les fonds qui vous sont faits
tous les mois pour cette nature de dépense. On vous y
marquait de toujours épuiser le fonds fait pour chaque
mois, avant d'entamer le fonds du mois subséquent, de
manière que toute différence entre un fonds de mois et
l'emploi effectif, fût rejettée à la fin de l'année, et que le
fonds qui vous serait fait pour fructidor, formât juste le
complément du fonds total qui aurait été nécessaire pour
l'année dernière. Cette mesure avait pour but d'éviter, dans
la comptabilité, des opérations très-minutieuses qu'avait
souvent nécessitées la reprise de modiques sommes laissées
sans emploi, pour cause de vacances, décès ou autrement,
sur des fonds partiels de mois, que quelques directeurs
avaient considérés comme devant s'appliquer exclusivement
au service du mois dans lequel ces fonds avaient été or-
donnancés.

Il paraît, monsieur, que, malgré cet avis, quelques
directeurs ont encore laissé subsister des restes non employés sur les sommes de mois. Le ministre du trésor
public vient de me communiquer, à ce sujet, de nouvelles
instructions qu'il a adressées aux payeurs de département.
Il m'invite à recommander de nouveau aux personnes qui
ont à délivrer des mandats par suite de mes ordonnances,
d'employer ce qui resterait d'un fonds de mois, avant
d'entamer le fonds du mois suivant. Je vous recommande
donc l'exécution de cette mesure d'ordre ; et si, comme

je l'ai indiqué plus haut, quelques vacances, décès ou autrement avaient dû laisser subsister un fonds non encore
employé sur le montant des onze premiers mois d'une
année, vous auriez soin, à l'avenir, de faire connaître dès
le mois de thermidor , au chef de division des contributions de ce ministère, la somme juste qui serait à ordon-
nancer en fructidor, pour le solde de l'année entière.

Le payeur du département doit, conformément aux instructions du ministre du trésor public , vous demander
chaque trimestre un état de situation de l'emploi des fonds
de mois qui vous auront été indiqués par les lettres d'avis
expédiées en vertu de mes ordonnances ; mesure qui a pour
but d'assurer l'exécution d'un arrêté du 23 germinal an XI,
qui veut que toute somme non employée d'une ordon-
nance ayant six mois de date, soit annullée. Vous voudrez
bien faire former cet état tous les trimestres , et vous con-
certer avec le payeur du département , pour le lui produire conforme à ces instructions.

F I N.

TABE

DES MATIÈRES.

A.

B.

C.

G.

H.

I.

J.

L.

M.

R.

S.

T.

F I N   D E   L A   T A B L E.

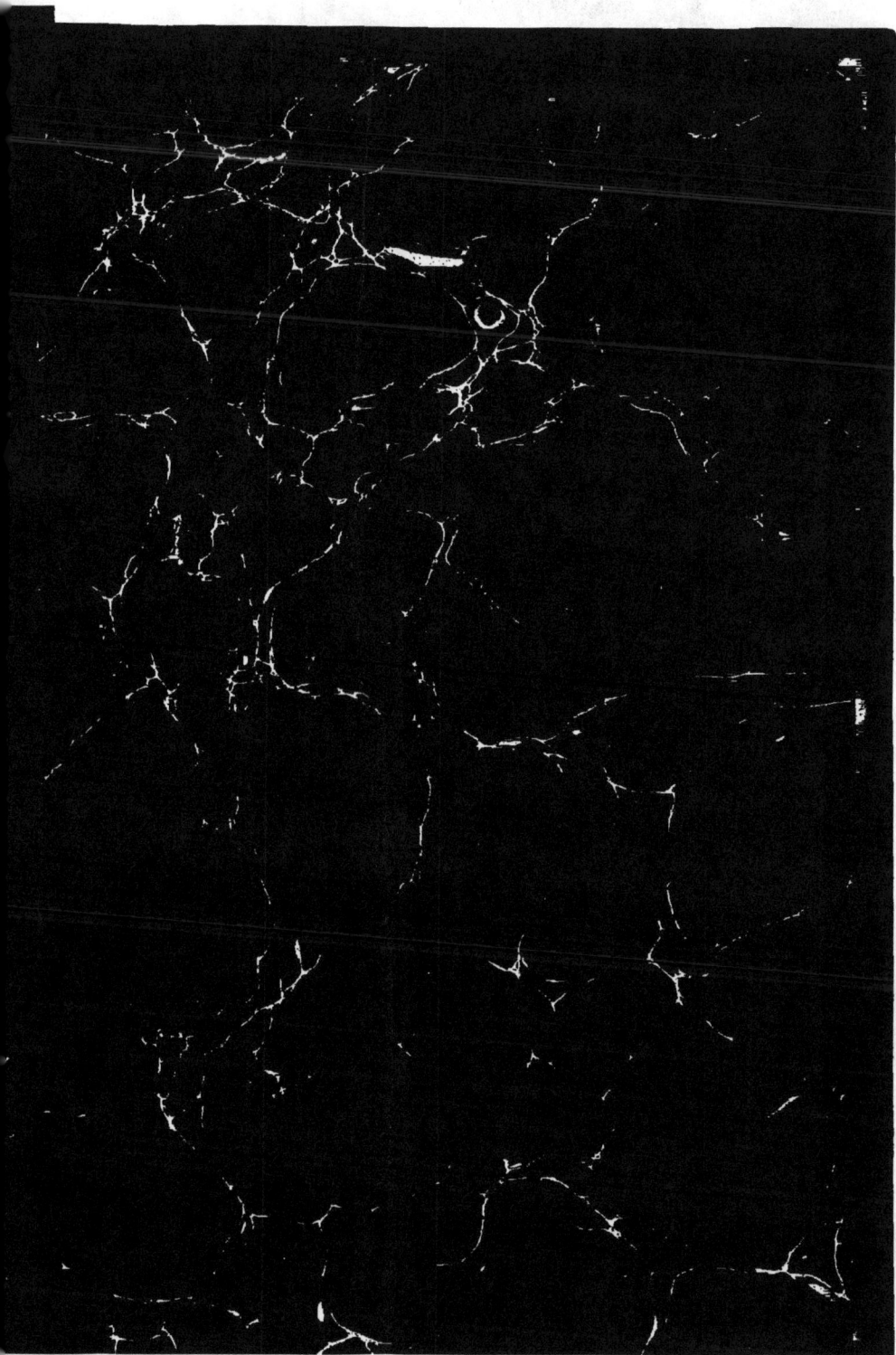

www.ingramcontent.com/pod-product-compliance
Lightning Source LLC
Chambersburg PA
CBHW071220200326

41519CB00018B/5616